SE EU SOUBESSE

Do Autor:

As Solas do Sol
Um Terno de Pássaros ao Sul
Terceira Sede
Biografia de Uma Árvore
Cinco Marias
Como no Céu & Livro de Visitas
Meu Filho, Minha Filha
O Amor Esquece de Começar
Canalha!
Mulher Perdigueira
www.twitter.com/carpinejar
Borralheiro
Ai Meu Deus, Ai Meu Jesus
Espero Alguém
Para Onde Vai o Amor?
Me Ajude a Chorar
Felicidade Incurável
Todas as Mulheres
Amizade é Também Amor
Cuide dos Pais Antes que Seja Tarde
Minha Esposa Tem a Senha do Meu Celular
Família é Tudo
Carpinejar
Depois é nunca
Manual do luto

CARPINEJAR

SE EU SOUBESSE

PARA MAIORES DE 40 ANOS

7ª edição

BERTRAND BRASIL
Rio de Janeiro | 2026

CIP-BRASIL. CATALOGAÇÃO NA PUBLICAÇÃO
SINDICATO NACIONAL DOS EDITORES DE LIVROS, RJ

C298s Carpinejar, 1972-
Se eu soubesse : para maiores de 40 anos / Carpinejar. - 7. ed. -
Rio de Janeiro : Bertrand Brasil, 2026.

ISBN 978-65-5838-334-5

1. Famílias - Aspectos psicológicos. 2. Relações humanas. I. Título.

CDD: 646.78
24-91726 CDU: 316.812.1

Meri Gleice Rodrigues de Souza - Bibliotecária - CRB-7/6439

Texto revisado segundo o Acordo Ortográfico da Língua Portuguesa de 1990.

Direitos exclusivos de publicação em língua portuguesa somente para o Brasil adquiridos pela:
EDITORA BERTRAND BRASIL LTDA.
Rua Argentina, 171 — 3º andar — São Cristóvão
20921-380 — Rio de Janeiro — RJ
Tel.: (21) 2585-2000

Apresentação

Sou poeta porque a profissão que realmente desejava ainda não existe, ainda não foi inventada. Cheguei cedo demais ao mercado de trabalho.

Eu gostaria de ser "abraçadeiro", de me graduar em oferecer abraços.

Carecemos de uma universidade que promova tal especialidade, reunindo professores ternos, pacientes e acolhedores para ensinar todos os tipos de abraços da existência: o da alegria, o do choro, o da despedida, o da contenção da raiva, o do suspiro, o do apego, o do desarmamento da vingança.

No curso, haveria cadeiras de Ética, de Saudade, de Consolação, de Gentileza, de Saúde Emocional, de Terapia Familiar, de Manutenção da Amizade e de Vínculos, de Gerenciamento de Crises, e de Psicologia Amorosa.

Seriam estudados e aprendidos abraços para confortar dores, para amparar perdas, para ressuscitar trajetórias, para salvar vidas.

Um abraço não pode ser dado de qualquer jeito. Exige pegada, curva, uma demora do rosto no cangote.

Não pode ser empurrão. Não pode ser com a metade do corpo, ou com o corpo enviesado. Não pode deixar um braço de fora. Não pode confundir as costas do outro com porta, desferindo socos e batidas fortes. Não pode sufocar. Não pode oprimir. Não pode machucar.

Abraço bom é a arte de ser leve num breve momento para permanecer sempre na memória.

Requer, pelo menos, a duração de três minutos. O tempo de respirar junto. O tempo de emparelhar os batimentos cardíacos. O tempo de se enxergar importante, benquisto. O tempo de o cheiro da pessoa se misturar ao seu próprio perfume.

Trata-se de um colo de pé, de uma cabana.

É aquele momento em que você não precisa se preocupar com a aparência. É aquele momento em que você se solta no ombro de alguém, e se reabastece, e reencontra a confiança em si para confiar no seu destino.

Tudo o que você não chorou sozinho, diante de um abraço você chora. Tudo o que você não conseguiu rir sozinho, diante de um abraço você ri.

O abraço cicatriza. Pois você se sente amado. Pois se sente compreendido. Pois se sente protegido.

É um curativo, são os primeiros socorros da empatia.

E nem depende de palavras. Quando não souber o que dizer, abrace. Você ajudará sem perceber, você será ajudado sem ter confessado nada.

Quantos dias tristes você resolve a partir de um abraço com o nó certo? Quantos dias felizes surgem depois de um abraço com vontade?

Enquanto o ofício de abraçadeiro não é criado, eu vou abraçando com as palavras.

Se eu soubesse quando era criança, quando era adolescente, o que eu tinha...

Mas, naquela época, eu só queria crescer, só queria ser independente, só queria fechar a porta do quarto sem ser incomodado.

De tanto olhar para a frente, eu não via o que estava ao meu lado. Permanecia sem noção do que acontecia, da raridade daquele momento.

Eu experimentava o auge da família. Todos estavam presentes, todos estavam vivos, todos estavam em casa. Nunca mais seria assim. Nunca mais teria os irmãos disponíveis no mesmo espaço, nunca mais teria os pais acessíveis, nunca mais teria a facilidade de reunir a turma inteira ao redor da mesa. Nunca mais contaria com os avós por perto.

Não havia ainda morte, doença, divórcio, crise, dívidas, medo, adeus, silêncio pesado, cadeiras vagas.

Eu jurava que nada mudaria, que os laços se manteriam constantes e inabaláveis, que o sofá continuaria cheio e disputado na frente da televisão.

Como os domingos se mostravam parecidos, não achei que fossem acabar. Sempre tinha churrasco com o povo dançando, rindo das implicâncias de geração.

Acreditei que não precisava me preocupar com a minha presença. Não faltariam novas chances.

Confiei na fartura e agora me prendo à nostalgia.

Se eu soubesse o que sei — que aquele período era exceção, não regra —, não me apresentaria emburrado, alheado, distraído. Eu me demoraria nas cenas, prestaria muita atenção nas conversas, gravaria detalhes das feições à minha volta, não me economizaria: estaria imerso e inteiro nas palavras ditas, ouvidas, armazenando saudade para os dias solitários do futuro.

E pensar que desejava comer rapidamente e me despedir, sair correndo em direção aos amigos da minha idade...

— Já vai embora? Já acabou de comer? — perguntava minha mãe.

Nem respondia, ocupado com os meus sonhos. Levantava-me com pressa de ser feliz, e não percebia que esnobava a felicidade que não se repetiria depois.

Como gostaria de hoje recuar pacificado ao almoço, prolongando um pouquinho a duração dos encontros na minha memória.

Família representava caretice, obrigação, formalidade, normalidade imposta.

Como eu me encontrava equivocado. Como eu me encontrava desinformado do destino.

Os irmãos começariam a desocupar os dormitórios, a ir para longe, a espaçar as visitas, a devotar seu tempo integralmente ao trabalho, a equilibrar romance com carreira, a se atolar de preocupações, a cuidar da sua autonomia, a formar a sua própria família.

Os avós morreriam, os pais envelheceriam, cada um se esconderia no seu canto.

Jamais recuperaríamos a presença de todos, com os cotovelos próximos, apertando-se para caber na mesa, com a simplicidade bonita de olhar o passarinho para a fotografia. O ninho ficou vazio, os passarinhos voaram.

A maturidade chega quando você não quer mais deixar marcas nos móveis. Já bastam as cicatrizes dos amores e das amizades.

Você toma cuidado com o lugar onde coloca o cálice, ou o prato, ou a memória. Sua casa tornou-se um patrimônio tombado pela saudade. Não tem mais como ser derrubada. Você não mora mais em uma residência provisória, aquietou-se dos caminhões de mudança. Não mais consulta classificados e muito menos telefona para imobiliárias pelas indicações das placas nas janelas. Definiu a sua posição geográfica e emocional no mundo — é aí onde cultivará sua essência. Não pretende mudar de cidade, as aventuras são todas com passagem de volta.

Demonstra um maior capricho com sua mesa, sua escrivaninha, suas cadeiras, seu sofá, mobiliando o seu lar com a sua personalidade. O toca-discos, a cristaleira, a poltrona, o abajur, cada detalhe tem um acontecimento decisivo por trás. Guarda onde comprou, por que comprou, como foi a estreia, o motivo de estar naquele canto e não noutro.

Quadros formam uma narrativa biográfica, costurando seus romances e afeições. Pinturas a óleo dividem vizinhança com lembranças dos filhos.

Trocar um pertence de lugar é alterar seus sentimentos.

Seu primeiro imóvel foi improvisado juntando presentes e doações; seu segundo imóvel foi montado com ofertas; esse definitivo foi decorado a partir do que você deu a si mesmo, escolheu para si mesmo, numa auto herança.

Não permite que uma visita fique desamparada de um porta-copos. A conversa sofre com a vigilância. Segue atrás dela com as bolachas para prevenir os círculos na madeira. Tem compaixão pelos riscos e manchas. Evita danos na superfície, pois já teve muitos arranhões no fundo da alma.

Arma proteções: o prato leva o *sousplat*, os vasos e os porta-retratos são postos em cima de toalhinhas de crochê, o filtro de água recebe capa.

Envelhecer é vestir um por um os objetos. É criar pele para o toque. É humanizar o tato. Você vai inventando escudos para os seus leais e silenciosos companheiros do tempo.

Óculos não permanecem longe do estojo, lápis não se distanciam do pote.

Ao explicar a contumaz mania aos conhecidos e fugir de ser enquadrado no Transtorno Obsessivo-Compulsivo, dirá que faz isso para não perder horas procurando as suas coisas. Mas a verdade é que já desenhou o seu mapa de tesouros. Sabe o que quer, sabe do que gosta. Decidiu-se pela paz.

Estabelece subcategorias em sua organização. Não vive mais genericamente. As especificidades aumentam. Não existe uma reles colher, mas colherzinhas para café, para chá, para sobremesas, para sorvete.

Há várias caixinhas pelos armários: de remédios, de costura, de ferramentas, de joias, de relógios. Sua nova ordem é feita de caixas, separadas por temas. O frete é para dentro. Você não mais espalha suas necessidades avulsas pelas gavetas como na juventude. Não confia mais no acaso, encontrou-se com o seu destino.

Nenhuma parte do piso fica sem tapetes. Quanto mais idade, mais tapetinhos pela residência. Antes só se interessava em cobrir os grandes espaços, agora também se preocupa com os pequenos. Qualquer corredor possui uma estampa no chão. Os pés pisam em nuvens de algodão e fibra sintética. Se beira os oitenta anos, certamente se valerá dos persas, um modo de pintar os seus caminhos interiores.

A abundância de vida vai produzindo apegos. Você é uma fábrica incessante de histórias. Com medo de esquecer algo importante, transfere a memória para tudo que tem. São pen drives do seu espírito.

Eu acredito no sobrenatural. Mas só pode acreditar no sobrenatural quem é muito entregue aos vivos, quem exerce a naturalidade do cotidiano.

Eu não temo meus mortos. São lembranças boas visitando, é a nostalgia batendo em minha porta, descerrando as trancas do meu medo, recobrando algo importante que eu vinha esquecendo.

Nem os chamo de fantasmas. Aliás, fantasmas são pessoas que não foram amadas e voltam para pedir um pouquinho do afeto que não receberam.

Às vezes eu percebo o perfume de capim-cidreira de minha avó. Em especial, ao despertar. Eu me levanto suspirando pelo cheiro que invade o quarto. Na minha infância, quando eu finalmente dormia, depois de tanto relutar para deixar a luz acesa, ela tinha a mania de colocar a mão na minha testa. O pano úmido de sua mão, acalmando a febre de meus sonhos.

Não é fantasia, não é loucura. Eu sei que ela está aqui. Não dependo de nenhuma confirmação ou testemunha. De nenhuma prova ou manifestação externa. O invisível se dá quando fechamos os olhos e nos concentramos em apenas sentir a vida.

Não preciso acordar e cutucar a minha esposa ao lado para descrever a presença de minha avó. Eu me basto com a certeza do olfato, eu me basto com a solidão de minha intuição.

Você jamais se desliga da alma de alguém apenas porque seu corpo não está mais entre nós.

Meu amigo Bruno despediu-se de seu pai Luiz Antônio em dolorosos capítulos, durante doze anos, por demência frontotemporal — uma doença que atinge partes específicas do cérebro, chamadas lobos frontais.

A enfermidade desencadeia mudanças de personalidade, impulsividade, perda da inibição, atitudes agressivas, compulsões, irritabilidade, falta de interesse e de apetite pelo conhecimento. Além disso, subtrai a capacidade de articular as palavras.

A sociedade desaparece dentro da pessoa: a vontade de conversar, de sair, de se comunicar.

Esse tipo de demência é um primo do Alzheimer, com a diferença de que ataca diretamente a conectividade social do indivíduo. Ele se desliga da sua comunidade. Solta os fios da tomada da sua existência com os outros.

Outrora pediatra expansivo, que atendia ligações de seus pacientes na madrugada com inesgotável disposição, o pai de meu amigo passou a se isolar, a ter tremores, a sucumbir de desânimo até parar de caminhar.

Por muito tempo, Bruno dava banho nele e fazia a sua higiene, no revezamento com a irmã e a mãe. Luiz Antônio nunca esqueceu o filho; só teve um dia em que se confundiu e o chamou de pai. O que não era uma mentira. Ambos, no despojamento do amor, trocavam de papel.

Pela inspiração paterna, Bruno se formou em medicina e ainda recebeu o canudo de seu pai numa das suas últimas aparições públicas. Após a partida dele, tatuou "para sempre meu herói" em seu dorso.

A questão é que a doença é hereditária e Bruno conta com 25% de chance de tê-la herdado. Existe 1/4 de probabilidade de enfrentar idêntico calvário, numa estatística assustadora, uma roleta-russa do DNA.

Trata-se de uma dúvida que ele poderia sanar agora, realizando um teste genético. Só que ele não quer. Recusa o alívio ou a confirmação fúnebre. Mesmo médico, mesmo com acesso a exames, prefere não saber. Prefere permanecer alheio ao resultado até os cinquenta anos, idade em que a demência começa a se manifestar.

Bruno optou por se igualar ao pai na inconsciência do diagnóstico. Seu desejo é seguir o destino sem uma data marcada para encerrar a sua viagem.

Eu não entendia o motivo, e perguntei o porquê.

— Não me interessa morrer como meu pai, mas viver como ele. Lembrar quem ele era antes da doença, sua alegria e seu bom humor, como cantarolava ao se vestir, como brincava comigo despenteando o meu cabelo, logo depois de tê-lo penteado com afinco.

São escolhas pessoais. São princípios. Certamente, não dependemos da pequena amostra de líquido corporal ou tecido de Bruno para descobrir o quanto ele herdou o caráter do pai.

Minha mãe é a representante do Divino de casa. Dona Maria costuma levar as pendências familiares e aflições de seus quatro rebentos adultos para a missa cedinho. Paga, inclusive, antecipadamente, as promessas no nosso lugar. Não espera que a gente suba escadarias de joelhos ou caminhe da capital a São Leopoldo para agradecer uma dádiva alcançada no Santuário Padre Reus. Conhece a nossa indolência religiosa, a nossa preguiça na oração e na gratidão, teme contrair dívidas por nós.

Não bastasse ser a fiadora dos nossos imóveis aqui na Terra, é a nossa avalista no Céu.

Tanto que, por uma questão de lealdade, se tivesse um anjo do lado esquerdo e minha mãe do lado direito no Juízo Final, eu abraçaria a minha mãe. O anjo restaria de braços vazios.

Só que as suas rezas estão cada vez mais doidas e contraditórias.

Acho que até Deus fica confuso. Numa mesma manhã, Ele escutou prece para um filho ter menos trabalho e para outro filho ter mais trabalho. Um pretendia diminuir a sua demanda, e o outro, aumentá-la. Um se encontrava sobrecarregado de tarefas e clamava por alívio, o outro buscava ocupar a agenda e resolver o mês financeiro com maior tranquilidade.

Eu era o segundo filho e, logo em seguida, recebi convite para escrever no jornal *Zero Hora*. Jamais imaginei ser responsável por uma coluna diária. Nem posso lamentar-me de dor nas costas e formigamento da mão; inventei de recorrer aos canais místicos da mãe, fui prontamente socorrido, perdi no ato o direito de mimimi.

Tome cuidado com o que você reclama para a sua mãe. A oração materna tem força.

Eu estou morrendo de medo de o meu irmão ser demitido. Ele não deveria ter pedido menos trabalho. Já vi que Deus atende, mas pode exagerar na dose.

Minha mãe é obrigada a lidar com os vaivéns emocionais de todos os filhos. Nunca seguem a mesma direção. Parte está indo, parte está voltando de um compromisso. Não facilitamos a sua fé com uma oração coletiva, padronizada, a acolher um único ideal.

Houve uma madrugada tensa em que desfiava uma pedra do terço para que um filho se casasse, pois estava acomodado em um longo noivado, e, na pedra seguinte, rogava piedade para que um filho preso a um matrimônio infeliz reunisse força e coragem e se descasasse. Da Ave Maria ao Pai Nosso, os nomes mudavam para graças contrárias — o rosário era enodado, embaralhado, não se resumia a uma triagem fácil das súplicas.

Quando a mãe e eu nos sentamos para conversar e, entre sorvos amargos do chimarrão, ela me pergunta se está tudo bem, se venho precisando de algo, penso agora duas vezes antes de falar. Ela consegue mudar radicalmente a minha vida.

Você não precisa de uma máquina ou de um túnel do tempo para retornar a alguma fase da vida. Basta visitar seus pais.

É seu museu particular e exclusivo, com a exposição permanente do seu acervo biográfico.

Encontrará o quarto intacto que lá deixou, com sua escrivaninha de estudo, sua televisão, seus casacos de zíper da escola, seus pôsteres e quadros nas paredes, seu baú da memória, seus brinquedos, suas estantes desalinhadas de livros e cadernos. Não irá estranhar nada. Tudo estará no lugar em que você largou na época, quando decidiu se casar ou morar sozinho. Passaram anos para você, mas parece que foi sempre ontem para os seus pais.

Eles conservam o seu quarto sem necessidade. Não transformaram o aposento em escritório ou em uma segunda salinha. Mantiveram-no disponível para o seu comparecimento eventual.

Uma vez adultos, deveríamos dormir na casa paterna e materna mensalmente para revermos a nossa história congelada no tempo. Para não nos esquecermos de que dependemos de cuidados e ainda somos filhos.

Que o pernoite aconteça a partir de iniciativa espontânea, pela saudade da família ou de si mesmo.

O costume é apenas voltar quando há um desentendimento ou briga no casamento, como trégua da raiva amorosa, como guarida para a relação se acalmar, como esconderijo para não ser localizado, como endereço provisório até escolher um novo imóvel.

Apareça por vontade própria, e não se arrependerá das vinte e quatro horas de inusitada e ansiolítica paz.

Ao ser repatriado por um momento ao seu antigo quarto, enquanto estiver hasteando os fios das persianas com cuidado para não deixar frestas, haverá uma hipnose regressiva.

Você vai lembrar quem você é, de onde veio, a motivação de seus sonhos. Trata-se de uma forma de endireitar o seu caminho, espantar as crises, voltar aos trilhos, fortalecer a sua essência, abafar os fantasmas do boicote, despistar a culpa.

Qualquer gesto trivial dará carona a uma recordação. Só de acender o abajur infantil com a ilustração de Hogwarts, evocará o quanto já quis beber a poção *Felix Felicis* (sorte líquida) de Harry Potter, mistura mágica que concretizava as aspirações de quem a ingerisse e servia como arma secreta para combater os Comensais da Morte.

Em nenhum hotel de luxo terá melhor repouso. No meio dos flashbacks, do cheiro doce dos travesseiros e da roupa de cama, dos sons conhecidos da vizinhança, abraçará o seu melhor sono.

Será capaz de perder o chamado do alarme, desmaiar como nunca antes, hibernar e despertar depois do meio-dia. Se estava com insônia ou algum outro distúrbio, vai finalmente relaxar, desvencilhar-se das preocupações, pois entrará novamente no útero da infância.

Se saiu dali para conquistar a sua liberdade, agora, maduro, entende que não há maior liberdade do que o aconchego.

Minha mãe, se fala publicamente de um filho, tem que falar dos quatro. Nunca fala de um isoladamente. Se comenta com uma amiga como eu me encontro, logo manda relatórios da Carla, do Rodrigo e do Miguel.

Às vezes, parece que somos gêmeos da informação. Surgindo por uma diferença de minutos do verbo materno.

Talvez seja esta a maior proeza dos pais: não tomar partido, não favorecer nenhum dos seus rebentos. É uma moderação que exige alto poder de concentração.

Você passará a educação inteira na corda bamba, mantendo-se na linha reta de um fio tenso.

Os filhos não facilitarão o trabalho, fazendo intrigas, provocando para que se tome um lado enquanto se engalfinham, reclamando que o presente de aniversário de um deles foi muito melhor ou mais caro.

Os elogios devem ser igualitários, as críticas devem ser padronizadas. Carinhos e farpas são porções diárias distribuídas harmonicamente. Se você abraça um, tem que abraçar o outro. Se beija um, tem que beijar o outro.

É viver abafando contradições, engolindo desaforos, controlando arrebatamentos, democratizando confidências.

Você exercita a plenitude do amor com cada uma de suas crias, cuidando para não ostentar um favorito.

Maternidade e paternidade não são para amadores. Pratica-se uma invisibilidade do coração, quase uma missão secreta da sensibilidade, jamais dando a entender algum tratamento especial.

Filhos têm fases, períodos efusivos em que se mostram mais próximos e momentos distintos e refratários em que se encasulam na distância. Não há recepção constante da parte deles, o que prejudica a performance. Filhos brigam, discutem, ficam de mal. E, mesmo sob pressão, você, como responsável, necessita se manter disponível e continuar com a atenção de antes, impedindo que os aborrecimentos alterem o seu julgamento ou agravem os impasses episódicos.

Há evidentes respingos de injustiça, efeitos colaterais de uma busca incansável por simetria.

Com frequência, um filho inocente é castigado por estar junto de quem realmente cometeu a traquinagem. Não há como definir o verdadeiro culpado, portanto a turma inteira acaba trancada no quarto. Sem delação, condena-se o grupo.

Já paguei pecado pelos meus manos, e meus manos já pagaram pecados por mim.

Nas viagens, ou vão todos ou nenhum vai. Na hora da sobremesa, ou comem todos ou nenhum come.

Você somente pode oferecer o monopólio provisório na preocupação, quando um filho enfrenta alguma crise, ou desespero, ou dificuldade pessoal ou profissional. É a única exceção para privilegiar alguém e exagerar na repetição de um nome nos telefonemas e nas conversas. É aquela ressalva da reza:

— Estou rezando pelo meu filho...

Minha mãe tem medo de destacar sua predileção. Ela até que dissimulou com talento ao longo dos anos, escondeu sua eleição afetiva com competência.

Só que Rodrigo, Carla e eu já sabemos que ela mima o Miguel. Não é ciúme, e sim um fato incontestável por amostragem de citações no WhatsApp.

Ela compartilha mais vídeos dele, conta mais piadas dele e sempre confessa o seu orgulho pelo mais novo do quarteto.

Mas perdoamos: o caçula realmente precisa de uma compensação por ter sido o último a receber o seu próprio quarto, a obter o seu espaço e a sua independência, a sair de casa.

É usucapião: permaneceu debaixo da saia materna para merecer a primazia.

Para qualquer um dos quatro filhos que visita a minha mãe e dorme em sua casa, há irretocável e repetida cena no quarto: uma toalha e um sabonete em cima da cama.

São as suas boas-vindas, sua assinatura da delicadeza. A toalha branca é dobrada num formato de cisne que só ela na família ainda sabe fazer.

O origami de pano comprova que ela se preparou para nos receber e nos aguardou muito antes de chegarmos.

Meus irmãos e eu nos sentimos desejados, como uma gravidez renovada a cada contato materno. Ela demonstra que nutre expectativa de nossa presença, que se dedica a vésperas com pequenos e inesquecíveis caprichos.

A mãe não renuncia ao que assimilou, durante a infância, das regras e da etiqueta de acolhimento no hotel de seu pai, o italiano naturalizado brasileiro Leonida Carpi, em Guaporé, Rio Grande do Sul.

Carpi recebia para o almoço trabalhadores e estudantes que iam da capital para o interior no final de semana. Ônibus paravam no pomar da pousada, com a esperança de uma comida caseira feita na hora, preparada pela minha avó Elisa Margarida. Ela tinha o tino dos temperos, colhidos em sua horta, não errava o sal das panelas, lágrimas dos molhos, sendo capaz de comover os mais exigentes e experientes paladares e surpreender os próprios parentes já acostumados com as suas delícias.

Numa manhã gelada de junho, os passageiros que estavam indo para Carazinho desceram para a refeição do meio-dia, menos um estudante que ficou do lado da janela matando o tempo.

Carpi estranhou a imobilidade de vigília da figura introvertida e arredia, de sobrancelhas grossas. Foi lá conversar e tirar a limpo a origem do jejum.

— Por que não vem? Já almoçou?

O aluno, que voltava para a sua família depois da semana de aulas na Escola Técnica de Agricultura (ETA), de Viamão, explicou que não tinha dinheiro, gastara tudo na passagem.

Carpi esbravejou:

— Desde quando isso é motivo? Nenhum estudante passa fome em Guaporé!

Pegou o jovem pelo braço e o levou para a cabeceira da mesa coletiva, colocou em sua frente um prato cheio de macarronada com molho de tomate e bifes na chapa. De penetra, ele se tornou o centro da gentileza do refeitório, servido com requintes de convidado de honra.

— Bom proveito, é por conta da cidade.

Aquele rapaz viria a ser, alguns anos depois, o governador do Rio Grande do Sul: Leonel de Moura Brizola, responsável pela alimentação em turno integral nas escolas, muito além das módicas merendas da manhã. A inspiração para grandes projetos sempre parte da própria necessidade.

Essa história real ilustra quanto a honestidade não pode ser passiva, pois corresponde a dar atenção sem se prender à aparência. Os olhos são guiados pelos ouvidos, não o contrário.

Devemos tratar a todos com respeito e igualdade. Nunca subestimar ninguém. Jamais esnobar uma presença, por mais discreta e silenciosa que seja. Jamais admitir que alguém permaneça invisível ao nosso lado, não importa quem é e de onde surgiu, não importa a função ou o cargo que exerce. Porque, se em algum momento você se achar melhor do que o outro, você que será invisível.

A vida é uma dança das cadeiras. Num dia, sentado; noutro, de pé. Aprenda o ritmo da cordialidade.

Em minha primeira festa de aniversário organizada para os amigos, não veio ninguém.

Eu tinha oito anos e era um feriado.

Chamei os colegas da escola e nenhum deles apareceu.

Fiquei esperando no portão das quatro da tarde até o anoitecer. Morávamos numa esquina. Todo mundo que dobrava a rua acelerava meus batimentos cardíacos: poderia ser um convidado.

Estava estreando botas ortopédicas e um macacão branco.

Com a lua e as estrelas já despontando no céu, desisti da minha vigília, percebi que não existiria reciprocidade fora de mim.

Engoli o choro, tinha gosto de gripe.

Não conseguia levantar o meu olhar, que se tornou pesado pela vergonha de não ser amado.

Arrasado, via-me excluído das relações mais próximas, desprestigiado, vítima de um bullying silencioso.

Minha esperança foi torturada. Não duvidava de que a turma havia combinado o boicote coletivamente, só para que eu sonhasse alto com as expectativas da casa cheia e sofresse mais com a queda e as cadeiras vagas ao redor da mesa.

Quando entregara o convite com o meu endereço, cada um dos meus colegas havia confirmado a presença, agradecendo a lembrança com um sorriso. E, pelas minhas costas, planejaram uma conspiração de ausências.

O gesto de protesto me dizia claramente que eu não merecia atenção ou destaque nem na data de meu nascimento, que minha aparência não inspirava credibilidade. Que eu deveria me recolher à minha insignificância de menino feio e desengonçado, cheio de apelidos, sem companhia para fazer trabalho em grupo. Eu sabia que entraria na sala de aula na manhã seguinte com o pessoal rindo baixinho do meu vexame. Minha dor ainda se encontrava no seu primeiro capítulo.

Mas, ao voltar para dentro da residência, emburrado, eu vi minha mãe tão desolada que esqueci o meu sofrimento. Afinal, ela passara noites em claro preparando os docinhos e salgadinhos para atender à criançada. Na véspera, seu maior medo era que as bandejas não fossem suficientes para o tanto de gente.

Eu a abracei e disse:

— Não fique assim, mãe, podemos congelar a torta para o ano que vem.

Você cura a sua tristeza quando se preocupa com a tristeza do outro. É o princípio da volta por cima.

Sua tristeza se abstrai de sua natureza egoísta, ensimesmada, e assume uma condição inesperadamente gentil, cordial, olhando para as lágrimas ao lado.

Mesmo acabrunhado, você se sente capaz de confortar as dores de quem gosta. E seguir adiante. E não se abater por uma situação adversa.

Em vez de se acreditar isolado, isolar a mágoa.

Entender que seu pesar não é exclusivo, muito menos incomum. Que haverá dias ruins e bons, e nenhum deles será definitivo.

Pois, na verdade, você jamais sofre sozinho. A família sempre sofrerá com você.

Naquele momento, eu envelheci um ano e amadureci bem mais do que isso.

Os aniversários mais ruidosos são os que têm menos gente ao redor da mesa.

Porque cada um se vira para ser uma multidão na hora do parabéns. Não há como cantar baixinho se só três ou quatro pessoas entoam a tradicional música de felicitação. Quem é tímido esquece a retração e puxa o coro.

Talvez ocorra um ato mais bonito do que o de uma festa cheia: os participantes se multiplicam para que o aniversariante se sinta amado, para que jamais lamente os poucos amigos da ocasião. Combatem o silêncio e o medo com uma voz tonitruante.

Considero comovente o esforço do grito, do entusiasmo para preencher os espaços vazios, dentro e fora do coração.

O aniversário é visto como um julgamento do alcance de nossos laços. Não deveria ser assim, não deveria sinalizar o quanto somos sociáveis, benquistos, admirados. Sempre teremos um revezamento de afetos ao longo de nossas celebrações. Cada fase reservará seus anjos da guarda.

Num ano, você poderá contar com a casa lotada. No outro, com a casa discreta de visitas. Não é uma balança de que sua vida vem funcionando ou não.

O importante é estar com quem você acredita. Com quem não abre mão de conversar diariamente. Com quem ficará ao seu lado quando não tiver nada a exaltar.

Afora aquele da infância a que ninguém compareceu, eu já passei por aniversários singelos de familiares. Lembro quando houve o divórcio dos meus pais. Minha mãe completava mais uma volta em torno do sol. Não existia clima para algazarra, ela se mostrava desmotivada pelo fim de um ciclo.

Meus três irmãos e eu não desfrutávamos de condições para comprar uma torta ou dar qualquer presente. Apenas dispúnhamos de algumas moedas em nossos cofrinhos. Mas queríamos oferecer para a mãe o nosso máximo.

Transformamos a casa numa festa junina, com bilhetes, desenhos e declarações de amor num varal estendido pela sala.

Compramos uma cuca na padaria. Uma cuca tradicional: pão doce alemão, barato, com aquela farofa crocante de cobertura, à base de manteiga, ovos, açúcar e farinha.

Colocamos uma vela de oratório da igreja no meio dela. Parecia uma bandeira, que se inclinava pela dança da chama.

Apagamos a luz e permanecemos quietos por um longo tempo, de mãos dadas, esperando a mãe chegar do serviço.

Ao escutar o barulho da chave na fechadura, gritamos diante do seu olhar atônito:

— Te amamos, mãe!

Quando ela percebeu a cuca brilhando no centro da mesa arrumada, a cuca convertida magicamente em torta, a riqueza da simplicidade, ela chorou de alegria. Soluçou de gratidão. Até pensamos que havíamos errado na surpresa. Demoramos a entender que ela gargalhava em meio às lágrimas. Pois reconheceu que oferecíamos tudo o que tínhamos.

Ela transbordou de esperança, de futuro. Não se encontrava sozinha. Aniversário é passagem, não destino.

Você precisa compreender o que o outro entende como amor. Pois ele não tem a mesma percepção que você.

Ao lhe preparar uma surpresa, você jura que é para o bem dele, mas talvez esteja pensando unicamente em sua própria felicidade.

Quando você vira essa chave, entra em qualquer porta, em qualquer coração.

Antes eu oferecia o que me agradava, o que correspondia aos meus anseios, o que me satisfazia. Dava o que eu queria receber.

No último Natal, por exemplo, preparei a ceia para a minha mãe: vários pratos e assados, farofas e molhos, com direito a duas tortas de sobremesa.

Até esse ponto, ainda estava contemplando as minhas expectativas, não as dela.

Eu me dei conta de que nada adiantaria, por mais que a refeição fosse deliciosa, por mais que os insumos fossem de primeira, por mais que o vinho fosse o ideal, se eu não deixasse a sua cozinha limpa.

Minha mãe não fica feliz especificamente com o jantar, e sim com o conjunto da obra.

É o jantar, mais a louça, mais o lixo recolhido, mais o pano no fogão, mais o piso varrido, mais as sobras acondicionadas em plástico filme na geladeira.

Para arrancar o sorriso da minha mãe, eu devo ocupar o seu espaço e também desocupar. Devo saber chegar e também saber sair.

A missão consiste em manter a cozinha do jeito cristalino e límpido que eu a herdei. O que significa servir, lavar, secar, guardar. A abolição de uma dessas etapas já conspurca a credibilidade da minha visita.

O perfeccionismo materno tem a sua razão. Afinal, presente que dá trabalho não pode ser chamado de presente.

Não há sentido em cozinhar para alguém se a pia vira um lodaçal, um pântano, com panelas sujas, louça empilhada e um exército de copos para ensaboar.

Se você apenas abastou a mesa, abandonou o seu posto no meio do expediente. As duas ou três horas em meio ao vapor e à fumaça das suas misturas e temperos não equivalem à faxina que legou para a sua companhia na manhã seguinte.

Jamais será um bom trato "eu cozinho, você lava". É uma troca injusta.

Cozinhar é igualmente sumir com os vestígios da sua presença. Não cabe, de modo algum, denunciar os seus truques, a sua mágica, mostrar o que usou e como fez, expondo os resquícios das frigideiras.

A verdadeira proeza é que ninguém consiga entender as etapas da sua receita. E até se suponha, diante da ordem, que a comida foi encomendada.

O cuidado envolve o precioso alimento espiritual de não transferir tarefas.

No fim da ceia, minha mãe apareceu para espiar o estado da cozinha. Quando ela viu cada objeto em seu respectivo lugar, suspirou de alívio e, só nesse instante, reconheceu-se pronta para me agradecer com um longo abraço.

Eu lhe adverti:

— Mas, mãe, estou todo suado.

Ela buscava mesmo celebrar o meu suor. Suor é amor mais do que o riso, mais do que as lágrimas.

Minha mãe sempre me convidava para separar o feijão com ela. Dos filhos, eu era o parceiro habitual nessa tarefa noturna.

Quando chegava da aula do contraturno, no entardecer, pendurava a mochila no gancho atrás da porta, colocava o avental de ajudante e me debruçava para catar feijão na mesa de canto da cozinha, aquela que jamais mudava de estampa: a toalha plástica floreada.

Naquele tempo, comprávamos o produto a granel no armazém, no olho, servindo-nos com concha nos sacos de estopa. Não vinha limpinho e ensacado como o de hoje. Exigia de nossa parte uma seleção rigorosa. Não foram poucas as vezes em que espantamos insetos escondidos nas cascas pretas.

No alguidar com água, repousávamos os grãos sadios, bonitos, inteiros, brilhantes, conferindo à elite das pedras o privilégio de boiar por dezesseis horas. No outro canto, fazíamos um montinho com os grãos pisados, quebrados, danificados, destinados ao descarte.

Eu sofria com a peneira porque me sentia o feijão "feinho". Não desejava que ele morresse ou que fosse banido do convívio doméstico. Até reunia um punhado no bolso, fantasiando uma embaixada para refugiados políticos.

Minha mãe captava a minha identificação emocional, a minha projeção, e não falava nada. Ela não me constrangia com perguntas difíceis sobre bullying na escola, não forçava confissões, não buscava a delação premiada de colegas que me incomodavam. Não tocava na ferida, no assunto, no meu medo. Fazia diferente, dava uma solução. Apanhava os feijões defeituosos e dizia:

— Esses têm uma missão especial. Não vão para a panela, mas para o quintal. Vão gerar outros feijões. Me ajude a plantar?

Os grãos feiosinhos não eram jogados fora, mas cultivados na horta. Revezávamos a pazinha para depositar as sementes em feixes laterais. Depois de meses, elas se transformavam em plantas verdes, viçosas, com cálices nas folhas.

Da mesma forma, eu nunca fui posto de lado pela família. Germinei com toda a paciência de que precisava para entender e sarar as minhas dores. O silêncio da cumplicidade cicatrizou qualquer fantasma da exclusão.

Feliz do filho que, ao regressar da escola, reconhece um professor em seus pais.

O respeito é um amor que fica para sempre.

Temos o costume de faltar com a educação dentro de casa, confundindo intimidade com informalidade. Não usamos mais "por favor", "com licença" e "obrigado" com a família. Queremos atalhar, falar menos, conseguir tudo com o mínimo de esforço. Acabamos atropelando, tomados pela pressa.

Por sua natureza egoísta e imediatista, a pressa desemboca em grosseria. Você deixa de pedir para mandar ou exigir.

A polidez justamente nos protege de magoar o outro. É um plástico-bolha que envolve as pessoas que amamos, para não as ferirmos, não ultrapassarmos os limites, não as machucarmos com indelicadezas.

Depois que você dispensa a educação no lar e se dirige a todos de qualquer jeito, nenhuma atenção perdura. Nenhuma conversa, nenhum almoço ou jantar, nenhum abraço, nenhum olhar. A cordialidade desaparece. Quando o convívio não é prioridade, resta a insolência dos mais novos.

As crianças nunca serão responsáveis se não se mostram capazes de honrar quem possui mais experiência, quem nasceu primeiro, quem veio antes. É um passo para a clandestinidade dos afetos. Os pais, por sua vez, tornam-se reféns da birra, do amuo, do grito.

A democracia só existe porque há hierarquia — fundamental para disciplinar os nossos demônios interiores e entender que nada é dado de graça, que cada lugar no mundo é conquistado com esmero.

Até hoje, eu trato a minha mãe como "senhora":

— A senhora gostaria disso ou daquilo?

— O que a senhora deseja?

— Como a senhora tem passado?

— A senhora está bem?

Quem vê de fora pode pensar, pelo tratamento distante, que não sou filho dela. Ou que sou um estranho, que a conheço há pouco tempo.

Mas é o contrário: é o reconhecimento da sua grandeza, é uma reverência à sua importância em minha vida, é a gratidão pela sua história, é o apreço pela tradição.

Minha mãe merece a formalidade do cuidado. Não é uma qualquer. Ela tem a exuberância de 85 primaveras, educou quatro filhos, acumulou uma esforçada aposentadoria a partir da carreira no Direito, incentivou-me a estudar e jamais virar presa da soberba. Soberba que seria me achar digno do mesmo patamar de minha mãe. Estou sempre atrás para o que ela precisar, mas atrás, porque nem chego aos pés dela. Não posso diminuir o que ela viveu. Não posso desconsiderar a diferença de juízo e serenidade de três décadas a mais. Não posso banalizar a sua longevidade intelectual, a autoridade dos seus conselhos, a influência de suas palavras.

É a senhora minha mãe, é a dona Maria, a dona do meu destino.

Sou fã da sinceridade das mãos. Envelhecemos pelas mãos. Podemos salvar o rosto da erosão dos anos, menos as mãos, que são como os círculos impressos no tronco de uma árvore.

Ao ser cortada, a árvore apresenta círculos escuros na sua base. Cada círculo é um anel de crescimento, correspondendo a um ano de vida. São contados de dentro para fora, a partir da medula.

As mãos entregam tudo o que vivemos. São os nossos registros, os nossos sudários. Lá estão os nossos amores, as nossas amizades, os nossos filhos, os nossos sonhos, os nossos fracassos.

Elas formalizam o relacionamento, mais do que o beijo na boca e os abraços. É só andando de mãos dadas que estaremos prontos para enfrentar os olhos do mundo.

A paternidade e a maternidade também são consumadas pelas mãos: você oferece o dedo para o seu bebê e ele se esforça para prendê-lo na sua conchinha de dedos.

A velhice é um caso de devoção à parte. Quando recolho as mãos macias de minha mãe, vejo as suas veias com maior nitidez, o mapa hidroviário de seu coração. Parece que a alma salta para a superfície, parece que o nosso corpo vira um atlas, revestido apenas pelo tecido fino da pele, quase transparente.

Entre os vincos e as dobras, aliso as suas linhas do destino. E me encontro numa delas. Sou uma delas. No inverno da minha infância, perto do fogão a lenha, ela aquecia as minhas mãos nas suas axilas. Prensava-as produzindo calor, antes que eu saísse para a escola. Depois, na sala de aula, eu continuava a combater o frio colocando as mãos debaixo das pernas na cadeira.

Peço a Deus que eu tenha a sorte de segurar as mãos de minha mãe quando ela partir (e espero que isso demore muito para acontecer). Que ela divida comigo o seu suspiro. Que entrelacemos os calos da existência em concha intransponível. Que o cumprimento do adeus se una com a paz da amizade. Que eu conte com a chance de agradecer por ser seu filho até o último minuto do seu último dia.

É um privilégio para poucos estar presente quando quem amamos morre.

Acredito que, mesmo sem batimento, ela seguirá apertando a minha mão. Não vai largá-la. Levará a minha mão com ela até o céu.

Há dois momentos em que festejamos os números quebrados: com o recém-nascido e com o morto.

É paradoxal que o início e o fim se entrelacem em rara contagem.

Não há espera pelas idades completas e arredondadas. Você experimenta intensamente um dia de cada vez, numa matemática distinta daquela que realiza consigo.

No primeiro caso, você comemora a vida que acabou de surgir. No segundo caso, homenageia a vida que acabou de partir. No primeiro caso, assinala a esperança. No segundo caso, sublinha a saudade. No primeiro caso, seus olhos estão voltados para o futuro. No segundo caso, para o passado.

São celebrações opostas em que se pratica idêntico exercício de fixação dos pequenos acontecimentos.

Pois não se quer perder nada dos dois testemunhos, demonstrando-se uma atenção extrema tanto no nascer quanto no pesar. Ritualiza-se a passagem das vinte e quatro horas da folhinha do calendário.

Com o bebê, é exaltada a sua evolução: a primeira semana, os primeiros trinta dias, os primeiros meses. E não se dá nenhum desconto, numa agenda precisa e fidedigna. Você é capaz de registrar o passo a passo exato da sua formação com meses e dias, sem esquecer um amanhecer, sem generalizar, até o círculo etário se fechar.

Já com o ente querido que faleceu, executa-se igualmente uma contagem rigorosa, só que da distância, a começar pela missa ou pelo culto. Do sétimo dia, estende-se aos meses subsequentes de desamparo. Você aniversaria o sofrimento sem esquecer um anoitecer, até a virada completa da idade.

Os números quebrados indicam mudanças decisivas e cruciais, seja pelo acolhimento, seja pela despedida. Existiu uma transformação da sua personalidade. Ou você passou a exercer uma nova função afetiva, ou deixou de tê-la. Nunca voltará a ser quem era.

Um traço em comum é que você está escrevendo a memória por alguém, pois ambos — bebê e falecido — não têm como formalizar suas datas.

Assim como você não pode controlar a felicidade — cada instante é perpetuado —, tampouco pode controlar a dor — cada lacuna é eternizada.

O que me põe a concluir que a tristeza entra pela mesma porta da alegria. Apresentamos a mesma conservação de miudezas e detalhes diante de uma e de outra. Ou aprendendo a conviver com uma alma, ou aprendendo a sentir a sua falta.

A alma é o como. Como a pessoa particularizava atributos extensivos a todo mundo, como fazia de maneira única aquilo que era padronizado. Como gargalhava. Como dançava. Como conversava. Como caminhava. Como corria. Como transbordava.

Você guarda essas singularidades para jamais esquecer que o tempo não é feito pelos relógios, ele segue unicamente os ponteiros da sua emoção.

Cultuamos as figuras do pai e da mãe, do avô e da avó, mas pouco valorizamos os tios e as tias. Os tios e as tias melhoram os nossos pais. São nossos pais adotivos.

Eles enxergam o que a criança vem passando ou sentindo, captam aquilo que os pais não percebem, tão sobrecarregados que estão com as obrigações diárias.

O tio e a tia são visitas interiores, com conhecimento de causa, coringas da existência. Além da particularidade do relacionamento que criam com os sobrinhos, são irmãos de nossos pais e sabem de cor os defeitos de cada um deles. Possuem privilégios da experiência e do discernimento.

O tio e a tia incentivam quando a criança se vê isolada e pouco compreendida, perdoam quando a criança se mortifica pelos seus erros, e despertam saudade de tempos mais felizes quando a criança perde a esperança na própria família.

Dos meus tios, o que se encontra na frente do meu altar é Otávio Francisco Caruso da Rocha, quem primeiro me levou a tomar um *espresso* como gente grande numa cafeteria.

Não esqueço o seu perfume, de cachimbo e loção pós-barba.

Ao nos visitar, chamava-me com seu vozeirão rouco:

— Cadê o Santo, cadê o Santo?

Ele me apelidava de "Santo" pela minha quietude sonhadora. O que não deixava de ser um luxo de celebração, ainda mais diante dos outros adultos, que me reduziam a mero piá.

— Dá a bênção! — ele me pedia.

A bênção era o meu abraço.

E me pegava no colo, e beijava a ponta do meu nariz. Eu me enchia de importância, de atenção.

Dele partia cuidado, jamais pena, jamais comiseração. Há uma enorme diferença de tratamento entre essas duas perspectivas.

Todos me enxergavam como um menino problemático, com dificuldade de dicção, desengonçado, feio, monstrinho de botas ortopédicas vermelhas. Não ele, que me acolhia com um respeito bíblico.

Ele não solicitava reserva na conversa, não reivindicava que os quatro filhos saíssem da sala para falar de assuntos sérios. Não proibia a nossa entrada nem a nossa participação. Mantinha o ritmo da casa do jeito que encontrava ao chegar.

Na época, eu não conhecia o famoso político e advogado — deputado federal, presidente do Instituto dos Advogados do Rio Grande do Sul, presidente de honra do PDT, candidato a vice-prefeito de Porto Alegre —, conhecia a sua versão caseira de amigo leal.

Otávio ostentava um bigode ralo que parecia desenhado, como se fosse uma sobrancelha de boca.

Usava gravata, o terno alinhado, e se sentava estranhamente com as mãos nos bolsos.

Para se mostrar à vontade conosco, tirava os sapatos.

Ríamos, porque ele sempre surgia com uma meia furada diferente.

Asmático, ele brincava:

— Por algum lugar preciso respirar.

Talvez seja por herança dele, do saudoso Otávio, que morreu três dias depois do meu aniversário de dezesseis anos, em 1988, com apenas cinquenta e quatro anos, que eu nunca costure minhas meias rasgadas.

Eu respiro o chão de seus passos.

Eu não sei o que é mais dolorido: o cachorro morrer em seus braços ou desaparecer.

O desaparecimento é uma morte a conta-gotas. Você jamais acredita que o fim se consumou.

Na minha infância, o meu cãozinho Sete morreu atropelado. Mas consegui dizer adeus para os seus olhos fixos em mim. Tapei as suas feridas com as mãos, sofri, gritei, mas tive o direito das últimas palavras, do derradeiro colo, da carícia em seu crânio de flor, de expressar o quanto ele modificou a minha sensibilidade, o quanto eu estava grato por ele ter me tornado mais carinhoso.

Só com ele eu passei a rolar na grama, a não ter pruridos de me jogar ao chão em público, de apostar corridas derrubando cadeiras e de rir de doer a barriga atirando bolinha para longe e tentando tirá-la dos seus dentes. Não me lembro de gargalhar antes dele.

Éramos duas crianças aprendendo a amar. Ele me levava para passear e para conversar na praça. O cachorro nos faz perder o medo das pessoas e de nós mesmos.

Não temos ideia do quanto um animalzinho opera milagres terapêuticos na alma da infância. Minha mãe guarda eternamente o reconhecimento ao seu Pico, que a aguardava na saída da escola e chegava a carregar o seu caderno.

Com o pequinês Xodó, eu não contei com o desfecho da amizade. Ele fugiu, ou melhor, perdeu-se. E não o achei. Por mais que tenha fixado retratos desenhados nos postes, empenhado expedições pelo bairro, chorado em rezas febris pelo seu retorno.

Nunca mais o vi, e assim sempre o vi. Não parei de enxergá-lo em qualquer situação ao longo da vida.

Experimento o trauma de não entender o que aconteceu, de ficar sem resposta, com a coleira solta do coração. A esperança jamais desiste com o desaparecimento. Ela insiste em crer no impossível, imune aos fatos e à lógica.

Quantas vezes corri desesperado, com o coração na boca, em direção a um cachorro, pensando que fosse ele? E pedia desculpa ao dono pela confusão.

Na verdade, não somos donos dos cachorros, somos seus discípulos.

Até hoje, transcorrido tanto tempo sem notícias, surpreendo-me procurando Xodó em latidos na rua e pelagens brancas parecidas.

Confesso que não tive nenhum cão depois do Xodó, porque sigo esperando-o. Substituí-lo seria admitir que não o abraçarei mais, que não o encontrarei mais, que não haverá redenção em nossa história.

Ainda acredito que ele surgirá do além lambendo o meu rosto. Não sinto vergonha de expor a minha loucura. É amor.

O sofrimento nem sempre gera aprendizado. Você pode ficar muito pior do que era.

Mediante uma experiência de perda, pode se fechar, se isolar, ser egoísta. Pode querer reparação, não confiar em mais ninguém. Pode desmerecer qualquer alegria ao seu redor, descontar na família, ver-se ofendido por Deus, atrasar a sua vida.

Nem todo sofrimento traz lições. Às vezes, você deixa de realizar o que vinha dando certo, por boicote à sua satisfação, para conspirar contra o seu prazer. Não admite estar bem por lealdade a uma ausência. Generaliza o pior.

Mantém uma ideia equivocada da morte, presa aos movimentos terrenos, como se quem morreu ainda estivesse sofrendo.

O morto não sofre mais. Você não precisa prolongar a purgação para honrar a partida dele, para se equivaler no desamparo, para mostrar uma cumplicidade no gemido e no langor. O morto se encontra livre das suas feridas, seco de lágrimas, já alcançou a paz.

A morte é um alerta para você melhorar a sua relação com os afetos que restaram. Tudo o que faltou realizar com quem partiu desperta novos anseios de conexão.

O fim se assemelha a um espelho. O espelho só rebate a imagem, você não tem como entrar nele. Portanto, o ente querido e ausente reflete uma urgência nos mais próximos.

Não adianta nada prantear por um filho morto e esquecer o filho carente pela casa; chorar pela mãe falecida e abandonar o pai lacônico ao lado; desesperar-se pelo sumiço definitivo do irmão e desprezar o outro irmão pedindo amparo na sua frente.

Os mortos nos lembram de cuidar dos vivos.

Se você é passivo com o sofrimento, ele vai fazer o que quiser com você. Vai sugar as suas forças, virar o seu espírito pelo avesso, desidratá-lo até que sobre apenas um pessimismo mesquinho.

Você deve entender que é seu sofrimento, agora ele lhe pertence.

O sofrimento torna-se uma decisão sua. Não há como impedir a dor de chegar (não desfrutamos da onisciência), mas há como impedir que ela seja vazia. Porque uma dor deserta esvazia toda a nossa emoção, toda a nossa gratidão, todo o nosso juízo, toda a nossa capacidade de pensar e reagir.

Não que você vá se curar do luto — o luto não é uma doença —, apenas não estará exclusivamente à mercê dele. Inverterá a lógica da submissão e o colocará a favor de um propósito.

É necessário encarar o sofrimento e perguntar para ele: o que farei com você?

Não existe como bloquear o início da aflição, mas sempre definimos o destino dela.

Eu tenho dificuldade de fixar nomes. Ou me recordo do nome, ou do rosto, não os dois juntos.

Enfrento o constrangimento de ganhar tempo conversando com a pessoa até surgir alguma iluminação a respeito de onde a conheço.

Odeio quando alguém joga na minha cara que eu não o reconheci — é falta de educação fazer flagrantes da amnésia alheia. Deixe o vivente quieto no seu esquecimento.

Se não anoto o nome do contato na agenda do celular, nunca localizo a figura, ela fica boiando no cemitério de prefixos.

Nem o número do telefone dos meus filhos, ou o dos meus pais, eu decorei. Tentei, mas confundo um com o outro.

Minha memória encurtou como uma calça jeans depois de tanto frequentar a máquina de lavar. Deito-me na cama para fechar o zíper. É que estou tão cheio de lembranças, de vida vivida, que nada mais serve em mim.

Uso o recurso de mímicas e risadas para compensar as lacunas e os lapsos nos encontros com conhecidos e aparentar desembaraço e simpatia.

Eu me dei conta, no entanto, de algo estarrecedor e misterioso. Recordo-me do telefone antigo da minha residência quando pequeno: 341162. E o do trabalho de minha mãe, 324646, para o qual eu precisava ligar se acontecesse uma urgência comigo ou com os meus irmãos.

Não me lembro deles só porque ambos apresentam apenas seis dígitos, diferentemente dos oito dígitos da atualidade, mas porque eu gravava tudo na infância com maior facilidade, quando a minha massa cinzenta se mostrava mais colorida e disponível, mais vazia de preocupações.

Sou capaz de reconstituir a chamada da sala de aula da primeira série do ensino fundamental da Escola Estadual Imperatriz Leopoldina, por ordem alfabética, com o nome e o sobrenome dos meus colegas. Eu ocupava o décimo primeiro lugar da lista.

Não sofro de nenhum balbucio, de nenhuma vacilação. As palavras sobem da garganta com a altivez de certezas exatas.

As evocações dos meus períodos de formação são as menos adulteradas pela minha experiência. Embaralho as refeições de ontem, porém consigo detalhar o que comia na merenda escolar toda quinta-feira: sagu com creme numa vasilha azul e com colher de metal.

Talvez tenham sido momentos de emoção à flor da pele, em que não escolhia o que viver como hoje. Meus hormônios e neurotransmissores assinalavam que tudo era novo e importante, ofereciam tratamento especial para essas reminiscências, antecipando saudades, sublinhando os detalhes.

Alguém dentro de mim, pelo menos, ainda tem uma memória intacta. Devo confiar mais no menino que fui. Não posso jamais esquecer a minha criança interior.

Você questionava os tênis largados no banheiro, as meias sujas dentro dos tênis, a toalha que não era estendida, a calça embrulhada com a roupa íntima no cesto, os cabides no chão do quarto, a xícara largada com restinho de café no braço do sofá, o pote do queijo aberto, as chaves no lugar errado, os carregadores dos celulares com fios trocados, as portas escancaradas dos armários, as luzes acesas dos aposentos.

Você reclamava dos esquecimentos, das repetições, da confusão do outro ao sair de casa, do desleixo dele ao voltar para casa.

"Depois eu arrumo" não acontecia. "Depois eu lavo" empilhava a louça na pia. "Depois eu faço" demorava a vir.

Como você nunca esperou, e se pôs a ajeitar antes, jamais pôde descobrir se a intenção alheia resultaria em ação.

Você protestava diariamente contra a ameaça à sua ordem, ao conteúdo das gavetas alinhado, ao capricho do forro de papel estampado.

Irritava-se longamente procurando a tesoura que estava longe do seu esconderijo, ou a escova de dentes que localizava deitada no box, jamais de pé em seu pote. Gastava tempo caçando objetos, coisas, ideias, deslocados de onde você havia deixado.

Entendia tudo como agressão ao seu método, como má vontade, como indisposição.

Quanto mais encontrava oposição, mais faxinava, mais acentuava o seu rigor, a sua disciplina.

Não se permitia momento algum de distração para não dar o exemplo. Vivia tenso, angustiado, apressado, revisando sua lista mental de limpeza.

As discussões sempre giravam em torno de quem realizava mais pelo lar, em torno de quem realizava menos, numa disputa desleal de tarefas.

Acreditava que a sua companhia tinha um problema, um defeito, um transtorno, jurava que ela dependia de correção, de reeducação, de um ajuste de personalidade, para se mostrar mais atenta. Nunca admitiu a possibilidade de ela ser naturalmente daquele jeito.

Você se rebelava contra os rastros da pessoa. Como se pretendesse morar sozinho. Como se pretendesse estar casado consigo mesmo.

Não cogitou que você gostava de consertar a arruaça dos caminhos, gostava de se ver útil, gostava de receber ocupações. Virava um herói dos problemas que criava.

Até que o adeus, na falta do presente, devolveu o passado.

É só perder a pessoa que agora sente dificuldade para arrumar o ambiente. Não deseja alterar nem um pouquinho a desordem. Dói refazer o que foi desfeito.

Pela primeira vez, percebe que aquilo que tinha era vida, que aquela bagunça era vida.

A saudade é um amor que vem atrasado. Um amor que acorda tarde demais. Um amor por tudo o que você já odiou um dia.

A saudade é finalmente não querer mudar o outro.

Do mesmo modo que não compreendemos completas injustiças como a precocidade do adeus a crianças e jovens, tampouco admitimos o mais difícil: a morte mais deixa passar do que leva pessoas consigo.

A sua tolerância jamais é lembrada. Quem recebe a fama é o anjo da guarda.

Apenas enxergamos os enterros, e não as existências poupadas de um infortúnio certeiro. A morte aceita que aviões com equipamento vencido pousem, autoriza que ônibus com motoristas cochilando não caiam em curva, salva pedestres desatentos, recua, com o sopro fundo do pulmão, bebês de perto das janelas abertas do alto dos edifícios.

Ninguém elogia a sua compaixão. Quantas vezes demos oportunidade e ela não veio? Gás vazando? Dedos no fio desencapado? Carro desgovernado? Piso molhado? Escada com falhas? Assalto em que, inadvertidamente, colocamos as mãos nos bolsos?

Continuamos ilesos por méritos da morte.

Na verdade, somos frágeis, dançando com uma das pernas suspensas sobre o abismo, à mercê de inúmeras fatalidades invisíveis.

Se você está vivo hoje, foi a morte que o preservou. Priorizou a sua sobrevivência, apesar de qualquer reclamação de seus superiores de que anda cabulando o serviço.

Ela nem sempre quer o nosso fim. Com frequência, adia diagnósticos, burla sentenças e permite que tenhamos uma segunda chance para ressignificar a trajetória.

Há pais injustos com a sua prole que ganham tempo para selar as pazes, há irmãos brigados que retomam a urgência do afeto, há profissionais infelizes que abandonam os seus medos para realizar os sonhos engavetados.

Ela tem noção dos benefícios de nos dar um susto. Assombra-nos para gerar mudanças positivas. Ainda que nunca receba os créditos e bata recordes de índices de rejeição, usa o seu poder para endireitar aptidões antes fadadas à ausência de propósitos.

Porque sabe muito bem que tem gente teimosa que somente se transforma perto de morrer, com algum problema sério de saúde. Outrora, seguiria cometendo os mesmos equívocos de indiferença e de egoísmo, ecoando o vazio emocional de suas escolhas para a eternidade. Se não passasse pela experiência do "quase", desperdiçaria o seu dom. A proximidade traumática com a finitude sacode e revoluciona condutas.

A morte esquece horários, pula eventos, dorme enquanto deveria estar executando as suas tarefas e vive se apaixonando por suas vítimas.

Não é infalível como fantasiamos, e sim humana e influenciável.

Suas concessões são maiores do que as suas encomendas. Enfrenta dúvidas vocacionais, atravessa crises de consciência, fraqueja diante de um velho casal dormindo de conchinha e mente para o destino que não encontrou ninguém lá. Simplesmente não resiste aos filmes românticos inspirados em histórias reais.

Por isso, tudo o que acontece de errado em nossa vida é lição, tudo o que acontece de bom é gratidão e tudo o que não acontece é proteção.

Fui pai jovem. Fui pai com vinte anos. Fui pai inexperiente. Nem apresentava barba inteira, mas chumaços de pelos desorganizados debaixo do queixo. Estava na metade do curso de Jornalismo na UFRGS.

Com a gravidez, todos os meus amigos avisaram que eu iria perder a minha juventude.

Que tinha ficado louco, que tinha sacrificado a minha liberdade.

Que não poderia mais sair, me divertir, frequentar festas.

Que não conseguiria mais viajar, conhecer outros lugares, realizar intercâmbio. Que o sexo seria cada vez mais eventual e raro.

Que teria que ficar trancado em casa, que deixaria o futebol, que abandonaria a boemia.

Que não mais apareceria na mesa de sinuca no DCE, que extinguiria a minha conta no bar da Lena, que entraria atrasado na universidade e sairia correndo.

Todo mundo disse que eu tinha ferrado as chances de me tornar alguém. De ser importante. Todo mundo disse que não iria circular mais nos vernissages e coquetéis de lançamentos de livros e filmes.

Que reduziria pela metade as possibilidades de ser visto, de ser lembrado.

Ao recapitular as profecias dos amigos e tal cenário catastrófico que me aguardava, hoje eu apenas gargalho com doçura.

Eu só trabalhei, eu só estudei, eu só cresci porque fui pai.

Ser pai foi a melhor coisa que aconteceu em minha vida.

Minha filha não me adiou, mas me animou a finalmente arregaçar as mangas e trabalhar.

Ela me resolveu, me solucionou, me inspirou, me curou do egoísmo, me salvou da inércia.

Por mim, sem pressa nenhuma, poderia não ter feito nada. Seria uma fotografia remota e acomodada no anuário universitário.

Já pela minha criança, não havia tempo a desperdiçar.

Foi uma revolução. Parei de dar desculpas furadas para começar a agir, a mostrar resultados, a sustentar a casa.

Muitos não entendem o meu fôlego, a minha disposição, a minha energia, a minha maratona de viagens, a minha multiplicação de tarefas. Explico: sou pai. É a base da minha personalidade.

A paternidade é um combustível extra, um tanque reserva após o fim da gasolina.

Pai não reclama, faz. Aprende a cumprir duas ou três missões simultaneamente. A estudar de madrugada, a acordar cedo, a conciliar dois empregos, a inventar uma maneira criativa de pagar escola, residência, alimentação, futuro.

Minha paternidade é minha Ritalina. Minha paternidade é meu guaraná cerebral. Minha paternidade é meu energético.

Minha paternidade me tornou responsável. Ser responsável é cuidar da própria felicidade. Se você não sabe como consegue empreender tanto, é porque é pai como eu.

Uma das passagens mais doces da escrita do uruguaio Eduardo Galeano vem de *O livro dos abraços*: quando o pai Santiago conduz o filho Diego para ver o mar pela primeira vez.

E Diego, assustado com a imensidão das águas, enxergando o oceano do alto das dunas, pede ajuda ao pai:

— Me ensine a olhar?

Vivi algo semelhante com os meus filhos. Quando os levei para São Borja e paramos para admirar o pôr do sol.

Temos essa mudez diante da beleza com o pampa. O pampa é um mar de gramíneas, uma extensão descabida de campo misturada ao horizonte.

Abri a porteira da fazenda de um amigo e apenas disse para meus filhos:

— Podem correr!

E eles me perguntaram:

— Até onde, pai?

— Até onde aguentarem! — respondi.

No caso, as pernas eram os olhos das minhas crianças, e elas não davam conta daquele espaço cósmico de fofura verde, com figueiras tremulando as suas folhas, querendo ardentemente um hóspede, uma visita, para oferecer sua sombra e sair um pouco da sua solidão parada de raízes.

Não há maior experiência de liberdade do que correr sem marcação, sem um limite, pelo pampa aberto. Em cima do cavalo ou em cima das alpargatas.

O ar é mais cerrado na campanha, o clima temperado, com as estações bem definidas. Tornamo-nos formigas, miniaturas, dentro de uma cuia de chimarrão.

Meus filhos saciaram a sua ânsia de minuano e se estrebucharam no chão, tontos e exaustos, observando a lua e as estrelas chegarem de mansinho.

Deitei-me ao lado deles e lembrei o verso que o compositor argentino Atahualpa Yupanqui ouviu de um camponês:

— O pampa é o avesso do céu.

"E também seu espelho, seu complemento", elaborei em pensamento.

O que impressiona é que o pampa parece se unir ao firmamento nos declives das coxilhas, como se fossem um único elemento indivisível, com as nuvens pastando por engano na planície.

É a nossa sensação mais contundente de infinito, nossa escola de saudade, de suspiro.

Se sabemos acenar de longe, é que sempre houve um pampa entre nós.

Naquele deserto povoado e fértil, você é assaltado por emoções estranhas de pertencimento e apego: ali, fica com vontade de escrever cartas, fica com vontade de mandar um postal para um parente distante, fica com vontade de perdoar qualquer desafeto, anistiando a memória.

É uma paz de espírito que nos devolve a firmeza do corpo.

Admirar a campanha é perder o fôlego e aguardar que alguém nos ensine generosamente a olhar.

Quando íamos embora, ainda fomos brindados com a presença de um guaraxaim. Ele entendia muito bem o que estávamos sentindo.

Como podemos demonstrar saudade?

De tantos jeitos, não somente dizendo "eu te amo".

Fiquei por quatro anos afastado de minha filha. Quando adolescente, ela foi morar em Brasília com a sua mãe. Eu fazia visitas mensais, o que não era suficiente para suprir a falta. Eu apenas enganava a fome de abraços e beijos, ajeitava a dor da distância para não doer tanto. No aeroporto, no embarque de volta, entristecia-me violentamente porque começava uma outra contagem regressiva para tê-la por perto. Meu relógio biológico tinha ponteiros na direção contrária.

Sempre que falava para ela que sentia saudade, ela não acreditava. Só a presença poderia calar a boca de seu coração. Mais nada.

Pensei com meus botões uma maneira de convencê-la. Os filhos nunca acreditam em nosso amor, passamos a vida tentando persuadi-los.

Na época, eu viajava muito pelo interior do Rio Grande do Sul, estava com meu sétimo livro publicado e vinha recebendo convites para palestras. Decidi coletar as caixinhas de fósforos dos hotéis durante um ano inteiro.

Adotei como hábito chegar na recepção e já pedir uma caixinha. Parecia um piromaníaco, um incendiário da ausência.

Qualquer hotel oferecia um cartão de visita e fósforos, num tempo em que os fumantes eram comuns e constantes. Eu acendia suspiros, não cigarros.

Fui separando os souvenirs numa grande redoma de papelão. Formei uma montanha com dezenas de fósforos dos lugares que frequentei, dos mais distintos formatos e cores.

Ao me encontrar com Mariana no final daquele ano, 2006, em seu aniversário, logo depois do Natal, confessei que morria de saudade.

Ela me retrucou:

— Que nada, não sente saudade nenhuma. Vive bem longe.

Nessa hora, entreguei para ela as caixinhas empilhadas.

— O que é isso?

— Essa é a minha saudade. Risque um por um dos fósforos, chama por chama, e vai cansar. Assim como eu canso de não estar com você. São todos os dias em que pensei em você. São todas as cidades em que pensei em você. São todas as noites em que procurei a constelação de suas fotos para me acalmar.

Foi quando ela, aos treze anos, finalmente me entendeu. Estava aprendendo literatura portuguesa na sua escola CEUB, em Brasília, e me surpreendeu recitando Camões:

— "Amor é fogo que arde sem se ver."

— É, minha filha, e como arde! E como te amo mesmo não te vendo sempre.

Talvez ela não se lembre de nada disso, porque não nos largamos mais desde então.

Quando Vicente, meu filho, era pequeno, na faixa dos cinco aos oito anos, eu o deixava ganhar. Jogávamos futebol com pequenas goleiras no terraço do apartamento.

Eu facilitava seus gols, levantava o pé, fugia das divididas, demorava para voltar na corrida para defesa, tropeçava na bola, errava uma finta, chutava na trave de propósito.

Ele me superava em qualquer partida, colecionava títulos, vivia inigualável invencibilidade.

Eu fazia questão do placar apertado, para parecer mais confiável e real. Não gostaria que ele suspeitasse que eu entregava o resultado. Ficaria furioso comigo.

Portanto, não sofria goleadas. Dedicava-me a controlar a partida de modo parelho e cedia o escore somente no finalzinho, no último minuto, gerando emoção, alívio e comemoração da parte dele.

Jantávamos, suados, lembrando seus melhores momentos, naquela reprise de nossas alegrias ao redor da mesa.

Depois que ele cresceu, pelos onze e doze anos, minha estratégia parou de funcionar. Passei a me esforçar mais e encenar menos. Algo mudou na nossa dinâmica. O que havia planejado não acontecia como antes.

Se eu reduzia o passo, ele também recuava. Se eu me atrapalhava, ele dava espaço. Se eu me escondia com a bola no canto da parede, ele esperava.

A princípio, pensei que migrávamos para um duelo mental, de boxeadores estudando o seu adversário e aguardando com paciência a abertura para o golpe derradeiro.

Só que, sem imaginar, eu marcava gols inusitados, gols arrebatadores, gols mágicos, gols espíritas. Nem entendia o que tinha feito.

Estranhamente, por mais que quisesse garantir a sua alegria, por mais que tentasse sustentar a figura de protetor generoso, por mais que buscasse abdicar do topo do pódio, eu acabava vencendo.

Mas Vicente não se mostrava chateado ou emburrado com o seu fracasso. Pelo contrário, vinha me cumprimentar oferecendo tapinhas nas costas e me parabenizando pela atuação.

Jurei que ele havia aprendido a perder, alcançado uma nova etapa de sua evolução e maturidade. Não era isso.

Com a frequência de nossas disputas e a monotonia de meus triunfos, descobri que existia a inversão dos cuidados.

Ele começou a me deixar ganhar. Começou a sentir pena de mim. Começou a perceber que a disputa era desigual, que eu já não apresentava perna e fôlego para acompanhá-lo. Assim facilitava a minha vantagem e ainda simulava que tinha dado tudo de si.

Talvez envelhecer seja exatamente testemunhar seu filho fingindo que jogou às ganhas e cedendo as vitórias para você.

Ou no futebol, ou no jogo de cartas, ou nos dados. Ele se torna o seu pai. Paternidade é aprender a perder.

É moda falar de pais narcisistas, mas pouco questionamos o papel dos filhos ingratos.

Dos filhos que gritam com os pais em público.

Dos filhos que maltratam namorada ou namorado do pai e da mãe, achando que eles não merecem uma segunda chance no amor.

Dos filhos que só aparecem para pedir empréstimo.

Dos filhos que tiveram acesso a uma boa escola, mas não são capazes da mínima cordialidade dentro de casa.

Dos filhos que não dividem os méritos do seu sucesso, mas culpam os pais por qualquer fracasso.

Dos filhos que consideram a aposentadoria como ociosidade e desdenham da disponibilidade dos mais velhos.

Dos filhos que acumulam chamadas não atendidas no celular, juram ligar de volta e jamais retornam.

Dos filhos que debocham da simplicidade do pai, do sotaque da mãe.

Dos filhos que abandonam os pais no asilo, sem nenhuma visita.

Portanto, ataque o problema quando ainda é pequeno. Quando você ainda pode corrigir a dificuldade de comunicação. Seja firme com o seu filho quando ele ainda está ouvindo. Não tente lhe agradar a todo custo. Não busque corrigir o excesso de trabalho com recompensas. Não o bajule nem concorde sempre com o que ele anda fazendo. Limites previnem o estresse infantil.

Exponha o tamanho da sua resistência: "isso eu aguento", "isso eu não aguento". Não esconda suas emoções. Indique quais são os seus pontos de apoio, de onde a sua esperança tira força. Acorde cedo e reclame pouco. Elogie a disciplina oferecendo o exemplo.

Esteja presente. Não terceirize o cuidado. Gerar filhos para passar a criação adiante é um contrassenso. Há drogas, violência e más companhias de sobra dispostas a adotar a sua criança.

Não adianta dar tudo para o filho, menos a presença. Bens materiais são péssimas babás.

Não perderá o emprego por meia hora de brincadeira, meia hora de correção de um tema, meia hora para comentar um desenho ou uma coreografia.

Marque compromissos familiares no seu calendário para não sofrer com conflito de agenda.

Renove os diálogos nas mais diferentes fases da vida. Não precisa usar as gírias, mas ofereça atenção genuína. O coração dispensa tradutores.

Se você vicia o seu filho em dinheiro, ele vai se expressar por cifras. Se você compensa a sua ausência com regalos, ele mandará representantes no lugar dele. Se você não cumpre promessas, ele será uma indústria de desculpas. Se você age com culpa, ele abusará de chantagens.

Melhor o castigo num dia do que a impunidade no resto dos dias. Salvará o futuro de vocês dois.

Recordo que eu tinha um dever paterno irrevogável com os filhos pequenos: não me atrasar na hora de buscá-los na escola.

Nem sempre cumpria o prometido. Não havia nada que os magoasse tanto quanto toda a turma ir embora e eles esperarem o pai por mais de 40 minutos, morrendo de fome, ao lado de uma professora que ficava de quarentena junto, cheia de compaixão pelas minhas crianças largadas no mundo.

O olhar de decepção dos filhos cortava o coração, e o olhar de raiva da professora picotava o resto.

Era um quadro reversível, mas ainda assim triste, de desamparo cotidiano, de desleixo amoroso. Não tem quem não adoeça com as fantasias de abandono.

Não adiantava justificar o atraso pelo engarrafamento, por um acidente na estrada interditando o trânsito, por um encontro profissional que excedera o combinado.

Desculpas não mudam a realidade. A demora doía igual, como se fosse um esquecimento.

Temos poucas obrigações públicas como pais, e não conseguimos honrar a maioria delas.

Além de buscar pontualmente os filhos, devemos participar das reuniões escolares e comparecer às apresentações de fim de ano. É o básico da paternidade. Nem está sendo exigida a proximidade maior, simbolizada pela quermesse, pelos campeonatos esportivos e pelas gincanas.

Considerava as reuniões escolares engraçadas, pois aconteciam nas salas dos meus filhos. Reduzíamos de tamanho repentinamente. Eu me acomodava na cadeirinha e na mesinha deles, assumindo o ponto de vista infantil diante da lousa. A humildade vinha misturada a uma necessidade de adaptação. Só a professora permanecia de pé, mantendo a autoridade. Nós, responsáveis pelas crianças, formávamos um bando de adultos brincando de casinha.

Eu me sentia Gulliver. Eu também me sentia penetra numa festa feminina, já que oitenta por cento da representação familiar acabava sendo composta por mães.

O tempo é cruel, não permite repescagens e passa rapidamente.

Não deixe de interagir com a escola do seu filho, não deixe de conversar com os professores, colegas e pais dos colegas. Você irá descobrir outras facetas de seu dependente a partir do que contam a respeito dele. Aprenderá virtudes e manias desconhecidas em casa, surpreendendo-se e se orgulhando das histórias ouvidas.

E tenha em mente que, no momento em que seu filho subir ao palco para uma apresentação, depois de meses de exaustivo ensaio, vai doer como nunca na vida a sua cadeira vazia na plateia.

Filho até se esquece de quando você esteve presente, mas jamais se esquece de quando você esteve ausente.

Você precisa do seu filho? Qual a função dele dentro de casa? Ele tem tarefas fixas? Ou ele é uma peça solta da engrenagem dos dias, sem serventia?

Você faz tudo no lugar do filho e ele se sente inútil? Você abre a geladeira no lugar dele, você cozinha no lugar dele, você põe comida no prato no lugar dele, você tira o prato em vez de ele tirar, você lava a louça para ele, você recolhe as migalhas debaixo da mesa por ele?

Ele apenas senta e levanta, senta e levanta? Seu único esforço é estar fisicamente presente, carregar o corpo de um lado para o outro? Não é falta de ambição? Não é um propósito rasteiro para um longo futuro pela frente?

Ele não tem noção do valor da camiseta que usa, da calça que usa, do tênis que usa, de quantos dias de trabalho foram necessários para cobrir o preço de cada item? Todas as peças já estavam em seu armário?

Será que ele acredita que os recursos sobram, que você nada em dinheiro, que viver é de graça?

Ele sai e volta para casa e ninguém repara, porque não tem uma cama para arrumar, não tem roupa para colocar na máquina, não tem compras pendentes do mercado para encher a despensa, não tem um quarto para organizar, não tem uma sala para ajeitar?

Sem perceber, você ajudou o isolamento, você colaborou para que ele não se mostrasse integrado ao espaço em que todos moram: transformou o quarto dele num apartamento isolado da residência, num bunker, sem a demanda de conviver no sofá.

Seu filho é livre para mexer no celular ou dormir a qualquer hora, pois não existe nenhuma obrigação, nenhum cansaço além da escola.

Você quer demonstrar amor dando facilidades, e esquece que amor é produzir importância, conferir responsabilidades, valorizar o respectivo papel na rotina.

Cuidar não é mimar. Mimar é estragar.

Será que ele não ficará mal-acostumado?

Como ele enfrentará depois as adversidades na profissão se não realiza coisa alguma no lar? Vai querer pedir demissão no primeiro dia, ao receber as primeiras ordens. Vai dizer que só quer fazer o que gosta. Vai alegar que nunca foi tão maltratado, que nunca foi tão explorado, que nunca foi tão humilhado. Não permanecerá em nenhum emprego, pois jamais encontrará as mesmas regalias que desfruta com seus familiares. Ele nasceu chefe antes do estágio. Ele nasceu rei antes das batalhas. Ele nasceu herdeiro antes do suor no rosto.

Realmente, o estudo é fundamental, desde que exista disciplina ao redor dele.

Você se preocupa apenas com o estudo dele, mas não com a vida dele. Em dar um sentido para a vida dele.

Seu filho tem grandes chances de se ver solto e perdido no mundo, não pertencendo a nada. Já que não pertence nem à própria família.

Ao sair do cinema, vi uma mãe de mãos dadas com o seu filho. Era o campo de visão à minha frente. Desci a escada rolante, atravessei o hall principal, sempre com os dois na minha mira emocional. A princípio, tinham ido assistir a um filme da preferência do menino. Ela perguntava se ele havia gostado do passeio, da pipoca, se estava se divertindo. Inclinava o rosto gentilmente na sua direção. O menino nada respondia.

Quando chegaram perto da faixa de pedestres, a criança se desvencilhou da proteção materna e partiu em disparada até o outro lado da calçada.

A mãe entrou em pânico. A sorte é que a cidade se encontrava deserta entre Natal e Ano-Novo, nenhum carro passava.

Ela apanhou o braço do filho e o repreendeu em bom tom:

— Isso não é mais filme, é realidade. Deve se comportar!

Para quê? A partir dessa convocação para o cotidiano, da seriedade instalada, o menino enlouqueceu. Eu fiquei com pena. Eu fiquei escandalizado com o que testemunhei. Percebi que estamos errando com a educação dos nossos filhos por medo da autoridade, por receio de disciplinar, por culpa de trabalhar tanto, por ressaibo de não sermos amados. Compensamos a ausência constante com presentes e licenciosidade.

O menino chutou o traseiro da mãe. Uma vez, duas vezes, três vezes. Chutava as pernas de sua mãe em público.

Foi a resposta que deu à primeira censura. Ele se agigantou em desobediência. Certamente não estava acostumado a ser negado, não aceitava ouvir "não", esnobava os limites, rivalizava com o perigo.

A mãe, desesperada, tentou contê-lo oferecendo um abraço.

"Que ideia é essa de dar um abraço depois de pontapés?", eu pensei. É como abençoar a violência.

Se não funcionam palavras confortantes, o que sobrará a gestos carinhosos?

Ele não apresentava nenhum distúrbio, nenhum problema aparente, era tão somente malcriado.

No momento em que a ordem desanda na família e a hierarquia desaparece, nada mais pode ser feito, o escândalo é frequente. O filho não vai diferenciar a casa da rua, o público do privado. A truculência emergirá em qualquer ambiente.

Ela chamou o filho para um canto, e ele estapeava a mãe gritando:

— Ninguém manda em mim!

Se um menino de oito ou nove anos agride a mãe, o que acontecerá quando ele for adulto?

Nem a sagrada mãe é respeitada.

Logo ele seria calado com um hambúrguer e batatas fritas numa lanchonete.

Eu não acreditei!

Ao invés de aplicar castigo, a mãe realizava os desejos dele para que se comportasse no resto do tempo.

Assim, incentivava o surto, justificava o caos, cedia a chantagens, mostrava quem mandava ali, transmitindo a mensagem de que, toda vez que ele batesse nela, receberia um lanche "feliz".

Costumamos nos preocupar: que mundo deixaremos para os filhos?

Talvez seja a hora de inverter a pergunta: que filhos deixaremos para o mundo?

Não existe cena mais emocionante do que um filho cuidando de seus pais. Quando ocorre uma inversão generosa de papéis.

O filho percebe a fragilidade paterna ou materna e a envolve de surpreendente proteção.

Crianças aninhando suas mães no pequeno colo, adolescentes tirando os sapatos de seus mentores, adultos assumindo a responsabilidade de seus velhos doentes — eis uma pintura da natureza do afeto que arranca o meu mais fundo suspiro.

Porque extrapola a lógica das relações, a expectativa da hierarquia familiar, e demonstra que o amor não tem idade: o amparo pode vir de quem se via acostumado a receber carinho.

Quando morreu a minha avó, minha preocupação foi salvar a minha mãe. Fiquei com medo de que ela também morresse. O falecimento de um integrante de casa lembra que todos são capazes de perecer, é um despertador de nossa finitude.

Não importava que eu fosse pequeno, com apenas sete anos.

Maria Elisa chegou do enterro arrasada, com olhar parado, e lhe fiz o que ela me recomendava na tristeza.

Recordei que ela me dizia: "Tome banho que logo você melhora."

Eu a conduzi para o quarto, abri a água quente da banheira, tirei seu vestido preto e dei banho na minha mãe. Ensaboei as suas costas com esponja. Não havia nudez naquele momento, só dor. Ficamos em silêncio, ouvindo o barulho das águas abafar as lágrimas.

Eu a sequei, a vesti com sua camisola, ofereci um copo de água e aspirina, arrumei seus dois travesseiros um sobre o outro e subi o cobertor para a ponta fina do seu queixo.

Permaneci no quarto escuro até ela adormecer. Até ela se acalmar. Até ela obliterar, por um breve instante, o que tinha acontecido, o quanto a sua história havia sido afetada definitivamente.

Você somente passa a envelhecer depois de perder a mãe. Adota uma nova dimensão dos limites, da precariedade humana.

Sua morte começa a contar a partir desse ponto. Não tem mais o ventre do seu início. Não tem mais a origem do seu corpo, o útero de sua ligação com o mundo. Seus olhos mudam para sempre, percebendo com maior clareza o tempo que resta.

Você unicamente amadurece com a morte de sua mãe. Atravessa uma ponte para jamais retornar, entre quem era e quem se tornou. Você submerge na mais oceânica saudade. Não aquela saudade de alguns minutos, mas uma saudade de muitas horas, de um dia inteiro sem falar com ninguém.

Eu esqueci o meu sofrimento de neto para socorrer o sofrimento de filha que ela estava experimentando. Eu era antes filho para entender o que significava perder a mãe.

Parecia que alguém dentro de mim mandava realizar tudo aquilo. Não duvido que tenha sido a minha própria avó.

Em toda homenagem de aniversário, você mal fala do outro, mas de si: do quanto ele melhorou a sua vida, do quanto você mudou por ele, do quanto você se tornou mais alegre, mais disposto, rejuvenesceu, aprendeu tarefas novas, foi para lugares diferentes, assimilou hábitos saudáveis, evoluiu.

No fim, ninguém fica sabendo de quem está falando. O agradecimento é direcionado inteiramente ao autoelogio, numa propaganda pessoal de como é inesquecível conviver com você.

Posta fotos dos dois, de cenas de amor e amizade entre vocês. Tem que aparecer sempre. Não consegue celebrar uma biografia de modo incondicional e altruísta.

Você se vende e se compra a partir do aniversariante. Transforma-o em seu refém para redigir a sua própria carta de recomendação.

Existe uma advertência implícita na mensagem: não fique longe de mim, porque nunca encontrará alguém como eu.

Somos contaminados pelo narcisismo. Não se trata de uma atitude proposital. É um sintoma de nossa época egóica, de nossa cultura da imagem.

Minha filha completou trinta anos. Meu primeiro impulso seria contar que estou assustado porque já sou pai de uma filha de trinta anos. Entende qual é a cilada?

Nem devo dizer que ela revisa meus textos e livros — se você não localiza erros, a culpa é dela. Ou que analisa os meus aforismos sob a ótica da linguística. Porém esqueça isso. Ainda estarei caindo na armadilha da vaidade e me colocando no centro da oferenda.

Pretendo detalhar quem é Mariana, sem querer roubar um pouco do seu brilho para mim.

É disciplinada. Não mexe nos seus horários. Não cancela o que marcou, mesmo que seja para cumprir uma tarefa caseira.

Se ela avisa que faxinará o seu apartamento, a faxina é sua prioridade inalterável. Nenhum convite a fará desistir do encontro consigo.

Mariana cultiva existências paralelas. Você não será capaz de reduzi-la a um único perfil.

Ela escreve contos, mas ainda não publicou o seu livro. Ela monta colagens com recortes de jornais e revistas, mas jamais mostrou seus trabalhos. Ela compõe e canta, mas não disponibilizou suas canções nas redes sociais.

Não pense que ela desperdiça seus talentos, pois já cometi essa gafe. Ela tem consciência de quando estará pronta. Conhece o seu ritmo. Não é perfeccionismo, e sim exigência de autenticidade. O que ela mais busca é ser sincera em sua arte. Abomina a ideia de realizar algo em que não acredita, para agradar ou corresponder às expectativas.

Ela se sente estimulada pelos desafios. Formada em Letras pela UFRGS, com mestrado em andamento, dedica-se à tradução de autores latino-americanos. Pode levar uma semana inteira para encontrar o equivalente apropriado para uma palavra em espanhol, assim como pode converter várias páginas em um único dia. Não sofre com a cobrança de tempo perdido, porque assume que sempre está aprendendo.

Mariana se veste destacando um detalhe do conjunto: talvez seja a estampa divertida de uma camiseta, ou um cinto brilhante, ou uma meia colorida, ou um sapato com fivelas. Ela coroa o secundário. Sorri para dentro quando alguém nota.

Sua noção de família se baseia nos irmãos. Jamais vi uma pessoa cuidar tanto deles. É um caso de guarda compartilhada entre ela e os pais.

Ultimamente, anda sonhando com as suas três calopsitas que morreram. Eu imagino o tamanho da saudade, a falta de dar aquela coçadinha na cabeça delas.

Só que a ligação com os pássaros ia muito além da companhia. Há um parentesco de comportamento. O que as calopsitas mais gostam é de privacidade. Como Mariana.

É difícil entender que uma pessoa ou uma ave quieta nunca está sozinha.

Peço desculpa pela invasão de seu espaço.

Meus pais não gritavam comigo quando eu não me comportava. Não precisavam.

Eles apenas me lançavam um olhar sério e fundo, e eu já me borrava de medo das consequências.

O olhar sempre me serviu de moldura das decisões.

A mirada é a porta da alma, é mais do que uma janela.

Sabia o que os pais pensavam pelo olhar. O silêncio das pupilas vinha, e eu já pedia desculpa e prometia não errar novamente. Nem esperava o discurso. Evitava a explosão da raiva, a erupção do vulcão adormecido.

O olhar paterno ou materno entregava o aborrecimento e a possibilidade de castigo. Eu tinha a chance de me arrepender espontaneamente pelo espelho da censura. Ganhava alguns pontos de atenuante por decifrar a minha molecagem antes da formalização da voz.

O ponto principal de nosso relacionamento era que os meus pais não gastavam as palavras. Havia uma economia de energia e de fôlego. Até porque éramos quatro filhos, e eles não dispunham de tempo, entre os afazeres domésticos, entre os ranchos e almoços, de dar sermão.

Errávamos, mas nos preveníamos dos dissabores assumindo precocemente as falhas. Às vezes, pelo bom comportamento demonstrado na remissão rápida dos pecados, escapávamos do isolamento no quarto.

Repare como hoje os pais falam muito mais e obtêm menos resultados. Chamam atenção a todo instante. Cansam de repetir as mesmas reprimendas e o que não pode ser feito. Cansam de alertar sobre possíveis tombos ou situações de perigo. Enrouquecem a voz como torcida na arquibancada com a derrota do time.

Falar demais é se enfraquecer.

Ainda que os pais falem sem parar, os filhos não escutam. Não vão escutar. Porque escutar é olhar. Os filhos não olham mais para a cara dos pais. Respondem olhando para a tela do celular. O aparelho telefônico rouba aqueles instantes preciosos de atenção da linguagem corporal.

A educação só será salva se voltarmos a conversar olhando nos olhos. Tudo depende de levantar o queixo e não realizar duas tarefas simultaneamente.

Ou os filhos acabarão reprovados na condução responsável de seus destinos.

Não sou favorável a ser o melhor amigo dos filhos.

Antes que a minha declaração soe polêmica e insensível, eu já explico: é um acúmulo egoísta de funções.

Você precisa deixar o posto vago para que os filhos ampliem o seu círculo de afetos. Que eles tenham os seus próprios amigos longe do circuito do lar, que possam encontrar a família fora do sangue: aqueles irmãos da cumplicidade e da experiência, da lealdade e dos desafios em comum.

Ser o melhor amigo dos filhos é querer tudo de alguém. É querer preencher todos os espaços protetivos. Aumentará assim a dependência. Eles não terão condições de se defender das opiniões paterna e materna, que nem sempre são perfeitas, nem sempre são corretas. Ficarão sem anticorpos sociais, sem a vivência da rua e os dilemas do cotidiano.

Haverá ainda o trauma de permanecer à sombra, de não conseguir superar o exemplo dos antecessores, de buscar agradar a qualquer custo e de adoecer correndo atrás dos ideais de perfeição.

Necessitam do contraponto da sua idade e de conselhos da sua geração para arejar os critérios e renovar o coração.

É esquisito um pai ou uma mãe dançando na mesma festa dos filhos. É esquisito o pai e a mãe se divertindo de igual para igual com os coleguinhas. Tudo tem um limite.

A independência dos relacionamentos resultará em respeito e admiração.

Há pais que buscam a supremacia da influência, partilhando contravenções com os filhos para parecerem legais e descolados. Ensinam o adolescente a beber, ou a dirigir em alta velocidade, ou a seduzir mentindo. Só falta embrulhar o baseado.

Não preservam seu lugar de autoridade, misturando o próprio passado com o presente, na ânsia de serem mais inconsequentes do que aquele que é realmente jovem.

Pai e mãe devem ser pai e mãe, assumindo as responsabilidades da sua faixa etária.

Não serão figuras muito simpáticas. Às vezes, se mostrarão desagradáveis impondo fronteiras para os desejos insaciáveis e incentivando o cumprimento das obrigações. Vão censurar sorrindo e cobrar as verdades nos momentos de preguiça, como ao não acreditarem que não existem tarefas da escola e espiarem os cadernos na mochila.

Seus papéis correspondem a fiscais do crescimento saudável, investigando e comprovando se palavras e ações se equivalem, exigindo que os filhos participem das atividades domésticas, que mantenham os quartos em ordem e as leituras em dia, que realizem os banhos, a higiene e as refeições no tempo certo.

Não tem como ser melhor amigo dizendo não para o filho. O poder do veto é imprescindível para não criarmos monstros irrefreáveis, desprovidos de compaixão e empatia.

Até porque a vida não é para amadores, merece ser conquistada com suor e esforço.

Passar a mão na cabeça unicamente faz o filho perder o juízo dentro dela.

Não criamos os filhos para nós, mas para o mundo. Uma das tarefas mais complexas e constrangedoras da paternidade e da maternidade é deixar o filho sair de casa.

É não querer viver por ele, permitindo que ele tome decisões por sua conta e juízo. Nem cabe ajudar a fazer a mala. A mala já é uma outra estrada, diferente da sua, uma estrada unicamente dele.

Não pode ser egoísta, não pode gritar, não pode chorar, não pode intervir, não pode pedir a ele que desista. Só resta o silêncio da saudade mais visceral.

Porque não é nem um pouco instrutivo demonstrar apego nessa hora. Está proibido de falar o que sente para não gerar medo e culpa.

O filho deve ser forte para enfrentar a realidade. Qualquer palavra contrária colocará tudo a perder.

Se dificultar o desenlace com a sua emoção, é possível que ele recue para sempre, abandone os sonhos pessoais e permaneça inativo e apagado ao seu lado. Será muito pior: terá um fantasma da covardia no lugar de um jovem esperançoso.

Seu papel é encorajá-lo, por mais que esteja ferido por dentro, por maior que seja o pânico do futuro imprevisível longe da sua tutela.

Não é justo dizer que hoje você precisa mais dele do que ele de você. Não é justo cobrar gratidão. Não é justo trazer dúvidas e senões à tona.

É como assistir ao seu próprio velório por antecipação. Quem você mais ama na vida está se desligando da sua proximidade.

Não importa se ele vai estudar, trabalhar, casar, viajar. O pretexto é secundário, porque a dor é monstruosamente igual.

A residência ficará mais espaçosa, você não saberá o que fazer com um dos quartos, a conversa no almoço ou no jantar com a esposa ou com o marido experimentará baques de desencanto. Metade de sua existência não servirá para nada, já que era antes voltada inteiramente para o filho. Terá que se reinventar e ocupar novamente o seu tempo para não sofrer tanto.

Você morre naquela despedida. O coração torna-se um ninho vazio. Mas não é um ninho vazio com os galhos secos, com o seu fracasso, é um ninho vazio na exuberância da árvore dando frutos.

Dificilmente conseguirá enxergar o sucesso da missão com o suor de desalento escorrendo pela mão do aceno, porém preparou a sua criança para o universo adulto das responsabilidades. O que não é pouca coisa.

Não pode fazer mais nada além de esperar que ele não se esqueça dos seus conselhos e do quanto é amado.

Ensinou o seu filho, pela última vez, a andar de bicicleta. Ofereceu o impulso, correu junto, empurrou a traseira até ele ganhar velocidade. Agora precisa dizer com a voz embargada:

— Não olhe para trás!

Todos comentam a dificuldade de criar adolescentes. Ou o desafio de cuidar de bebês. Ou a responsabilidade de educar crianças. O que não escuto muito é sobre a árdua empreitada de ser pai ou mãe de filhos adultos.

Você não tem como demonstrar o amor como antes. Não há mais reuniões de avaliação na escola. Não há mais apresentações para comparecer nas datas comemorativas. Não há mais noites do pijama para cozinhar para os colegas e ser simpático com a turma. Não há mais competições esportivas para vibrar na arquibancada. Não há mais necessidade de dar mesadas ou completar o valor de um ingresso para um show. Não há mais como buscá-los em festas, você não tem sequer noção de quando retornam para a cama. Não há mais como planejar as férias com eles. Não há mais como aconselhar na hora do café. Não há mais como sair junto no momento de comprar roupas. Não há mais recompensas, sorrisos, elogios de como "você é legal" ou do quanto é "a melhor mãe ou pai do mundo". Não há mais rastros oficiais da ternura, cartõezinhos e desenhos para postar nas redes sociais.

Eles não moram mais com você para ofertar a presença farta do olhar e do abraço. São independentes. São autônomos.

Têm suas preocupações e objetivos. Têm seus estudos e carreiras. Sobram pouquíssimos encontros para reforçar o vínculo. Você está à mercê da sorte de um telefonema para expor alguma questão pontual e pendente do seu dia. Talvez a inquietação que gostaria de partilhar caduque ou fique acumulada para nunca mais.

Fofocas exigem disponibilidade. Você não dispõe de um pretexto para verbalizar alguma indiscrição de um amigo, ou de um familiar, ou de um vizinho. Também deixará passar.

É uma amizade esparsa, regida por grandes acontecimentos. As miudezas escapam agora.

Perde de saber se estão amando ou em fossa, se estão amuados ou contentes. Não existe como reclamar da bagunça, das roupas espalhadas, da luz acesa, da louça suja, dos pés em cima da mesa. Tem certeza de que eles continuam do mesmo jeito, com a mesma desordem selvagem e individualista, mas se vê privado da influência para opinar e orientar. Não estão mais sob a sua tutela, sob o seu campo de ação, sob o radar de suas emoções protetoras.

Cada um cuida de si. Cada um faz o que quer. Eles podem estar almoçando às três da tarde ou cabulando o almoço por excesso de obrigações profissionais. Eles podem ter a geladeira vazia por preguiça de ir ao supermercado. Eles podem dormir com fome ou só comer bobagem.

Você já imagina que estão magros, ossudos, porém encontra-se desfalcado de desculpa para aparecer com uma marmita. Recorda com saudade a época em que era útil e despertava de madrugada para cozinhar para eles.

Se os filhos estão gripados, logo supõe que não se agasalharam direito. Apesar da angústia, você não tem como atravessar a cidade tal qual uma ambulância, para providenciar o termômetro, o antitérmico e controlar a temperatura com a mão na testa.

Eles precisarão lidar sozinhos com as suas doenças e suas indisposições. Não tomarão o seu chá curativo, específico para os sintomas, tampouco o medicamento apropriado que está na ponta da sua língua para a rápida convalescença.

Hoje eles estão tentando se livrar dos resquícios da dependência com terapia. Não estranhe que desejem um pouco de distância para seguirem o próprio caminho.

Perdura uma grande desinformação entre vocês. Não usufrui da cumplicidade dos pequenos e decisivos detalhes da convivência.

Eles tornaram-se novas pessoas, mais sérias, mais mal-humoradas, com menos tempo, enfim, mais parecidas com você.

Sucesso vem do exercício da memória.

Quem tem memória vai longe na vida, conquista seu espaço, funda seu lugar no trabalho.

Porque a maior parte dos nossos contatos é eventual, sem lastro, sem herança. Não exploramos os laços. Não investimos o nosso tempo para fixar amizades.

Conhecemos alguém e logo desconhecemos. Não questionamos seus valores para descobrir afinidades. Nossa aproximação é funcional. Você tem um interesse, satisfaz e não aprofunda a curiosidade, não prolonga a conexão.

Somos atualmente cumpridores de tarefas. O interlocutor é um momento raso e superficial do nosso dia, jamais vira saudade ou posteridade. Uma vez atendidos, largamos de mão aquela existência.

Se estamos precisando de um apoio bancário, ligamos para uma agência, um gerente fornece as informações, salvamos seu número e somente voltamos a ele no próximo socorro. Não é assim?

Sem notarmos, nossa agenda no WhatsApp tornou-se um cemitério de anônimos, de quase conhecidos. Com quantos ali, entre centenas de nomes gravados no nosso telefone, estabelecemos uma conversa de verdade?

Para realização pessoal, não basta sabermos somente o nome e o sobrenome daquele com quem falamos, também devemos guardar os nomes de seus familiares.

Posso cumprimentar o apresentador da Rádio Gaúcha, Antonio Carlos Macedo, com o qual troco mensagens todas as manhãs, apenas perguntando como ele vai. É o básico. Ou posso ir além e cumprimentá-lo perguntando como está a dona Cristina, sua esposa, ou como estão seus filhos Bibiana, Guilherme e Rafael.

Ao citar sua família, ele perceberá que eu me importo com ele. E realmente me importo. Ele me trata da mesma forma, preocupando-se com o bem-estar da minha esposa Beatriz ou dos meus filhos Vicente e Mariana.

A questão é se dar o trabalho de fazer a lição de casa, entender quem é a pessoa, quais são seus afetos, qual a sua rede de prioridades.

Não permitir que seja um nome atalhado, digitado às pressas, uma ilha rodeada de neblina, que você não tem mais noção de onde encontrou, mais nenhuma referência para buscar com o espaçamento do convívio.

É a confirmação na prática do famoso verso de Dante: "o amor move o sol e as mais altas estrelas."

O amor familiar nos movimenta.

O sapateiro do meu bairro serve como exemplo. Ele lembra um por um de seus clientes e exatamente o que cada um deixou para o conserto. Recorda o sapato e o que exigia de reparos. Dispensa os canhotos do recibo para localizar os pares nas estantes.

Chego à garagem de sua loja e ele já tem ciência do que fui buscar. Atento comigo e com quem eu amo, ganhou aos poucos a minha confiança.

Antes que me esqueça, meu sapateiro é Ailton Braga, tem sessenta e seis anos, mas diz que está com 70, e seus filhos, já adultos, são Joyce e Guilherme.

Intimidade é ir e voltar, ser conhecido e conhecer.

Não chamo minha esposa de forte. Nem minha mãe, nem minha irmã, nem minha filha, muito menos minhas melhores amigas.

Dentro de mim, é uma palavra proibida.

Porque parece um elogio, mas não é.

Há uma natureza perversa no incentivo: você se vê obrigado a aguentar tudo sem reclamar.

Representa um empurrão ao sofrimento silencioso. Quem é forte não chora. Quem é forte não pede ajuda. Quem é forte suporta o aumento interminável de demandas e encargos.

Quando você diz que alguém é forte, está avisando que nada o atinge — o que é uma mentira. Está insinuando que não tem limites — o que é um descalabro.

A suposta fortaleza vem se mostrando um artifício social para explorar as pessoas bem-intencionadas. Para evitar confissões. Para bloquear socorros psicológicos.

Sendo forte, você não precisa de ninguém. Dá conta sozinho do excesso insalubre.

É o atalho para adoecer, para se estressar, para explodir, o aliado indiscutível da síndrome de burnout, o facilitador do esgotamento físico, da pressão moral, do esfacelamento emocional.

Você sente que deve corresponder às expectativas de resiliência e não falar da sua situação desconfortável, do que está incomodando, do desejo por mudanças e por dividir as tarefas.

No caso das mulheres, tem sido uma arma masculina para que elas cuidem da casa, da criação dos filhos, do casamento, do trabalho, sem coparticipação. Afugenta qualquer possibilidade de equiparação salarial, já que o adjetivo inibe toda reivindicação ou necessidade.

Junto do "forte", surgem exaltações como "guerreira" e "lutadora", sempre para expressar sacrifícios e privações, nunca para enaltecer escolhas pessoais. Você deixa de fazer o que quer, você deixa de ser.

Sinaliza, sem exceção, padecimento e condições adversas.

Ser forte é um desaparecimento individual em nome de uma causa: ou a prosperidade, ou o amor, ou a família.

Traz em seu lastro uma antifragilidade, não cedendo espaço para a exposição de críticas ou de inconformismo com a realidade.

O beneficiado por sua força nunca é você.

Não se é forte na luz, somente na sombra. É uma maneira de calar a recompensa, de ocultar os méritos, de mitigar o esforço.

Dessa forma, requerer a revisão das responsabilidades emerge como uma fraqueza, como se você não fosse suficiente para resolver as suas atribuições. Sugere incompetência, transmite a mensagem de que não é apto para determinados papéis.

Ou você é forte, ou você está fora. Percebe-se um extremismo do descarte na atitude.

Existe um alto grau de coerção e de humilhação no aparente elogio, pois você não tem liberdade para contestar as infinitas solicitações que recebe.

Encontra-se amordaçado, incapaz de responder que não é forte. Equivaleria a um fracasso perante o reconhecimento público.

Tudo o que não pode ser recusado é manipulação.

A vulnerabilidade é um dom que nos protege de estar onde não merecemos.

Eu aprendi a elogiar meus amigos. Falo sem constrangimento que a pessoa é bonita, inteligente, querida, carinhosa, gentil. Nem sempre foi assim, eu tinha medo de me mostrar vulnerável. Porque dar reconhecimento a alguém faz com que você exponha o seu afeto. Você tem que revelar o que sente, deixar-se guiar pelas suas emoções, demonstrar apego ou gratidão, confessar a importância daquela figura em sua vida, o tamanho da sua saudade.

Eu estava acostumado a implicar. Nunca expressava o quanto gostava com inteligibilidade, pelo contrário, lançava farpas como forma de chamar atenção, testar os limites, ver se o conhecido me aguentaria por perto.

Entendia o início da convivência como uma provação, um purgatório de ataques e desmoralizações.

Nomeava possíveis amigos de vadios, de desocupados, de energúmenos, de tapados, de bobalhões. Falar mal era querer bem.

Com um trato exageradamente pessimista e ácido, bancava um tipo exigente, não cedendo espaço para confetes.

Ao fugir da bajulação, eu esbarrava com o boicote.

Não percebia que a atitude não tinha nada de simpática. Causava danos para mim e para os mais próximos.

Sem prever efeitos colaterais, cultivava relacionamentos adoecidos, adeptos da provocação e do atrito, desprovidos da paz da cumplicidade. Tensionava os laços. Forçava embaraços.

Todo encontro virava ringue, guerra, com um festival de grosserias disfarçadas de intimidade.

Levantar os defeitos da companhia me dava a condição privilegiada de anunciar que a conhecia profundamente, que ela não conseguiria me enganar.

Só que não notava o quanto a fragilizava para a existência, o quanto reabria suas feridas, o quanto aumentava as chagas da aceitação social, o quanto despertava seus traumas do fundo da caverna do inconsciente.

Com uma brincadeira inconveniente, uma piada torta, um apelido maldoso, uma saudação contraditória, podemos levar o nosso parceiro de volta ao bullying, à chacota da infância, à desvalia mais solitária.

Xingando, mesmo que seja por ternura, fazemos com que o indivíduo sempre se ache pouco, precário, falível, inadequado, feio.

Consentimos que entre em romances errados, que suporte o que não merece, que divida a rotina com quem o puxa para baixo, que se sinta envergonhado pela sua vaidade e conquistas.

Oferecemos um péssimo exemplo de aspereza, pois amizades são espelhos de como pretendemos ser tratados no amor.

Minha comunicação reversa refletia uma insegurança, uma resistência a declarar uma ligação genuína. Não dizia "eu te amo" para os amigos. Raciocinava que, ao precisar do outro, arcaria com as dores da distância e do desentendimento.

Com o passar dos anos, mudei de perspectiva. Fui me tolhendo de sofrer por antecipação.

Hoje não pego no pé, simplesmente dou a mão.

Não tem sentido sentir inveja.

Inveja é emoção jogada fora, atenção desperdiçada.

É tempo inútil. Você sacrificará a sua vida inteira cobiçando o sucesso alheio e desmerecendo as suas competências.

Pense comigo: o que traz felicidade para você não trará necessariamente para o próximo.

Você pode encontrar prazer em tomar café forte, sem açúcar, devagar, aos goles pausados, sentado na mesa, segurando a xícara quente entre as mãos, olhando a paisagem. Já o outro beberica de pé, correndo, sem degustar. Para ele, é apenas um café para acordar, um shot de ânimo; para você, é um café para refletir, um instrumento de bem-estar.

O que o comove talvez não comova o outro. O que lhe agrada talvez não agrade ao outro.

Felicidade é individual. Não tem como emprestar. As pessoas se arrepiam por motivos diferentes e de jeitos particulares.

Quem sabe o seu contentamento seja arrumar a casa e deixá-la em ordem, com objetos alinhados, à vista. Já o outro se entusiasma ao acumular as roupas sobre a cama e não se importar com a simetria. Não há como dizer qual dos dois é mais feliz. Muito menos é possível ceder a sua felicidade de faxina para quem é despojado.

O que o torna feliz pode tornar o outro triste, e vice-versa. Tem gente que coloca a cabeça para fora da janela do carro na estrada e berra de euforia. Tem gente que acha que isso é perigoso e infantil.

Não há como sentir inveja. Ela é impossível e impraticável, porque a satisfação é personalizada. Nossos prazeres são customizados pelas experiências. Predomina o valor espiritual sobre o material.

Quem perdeu uma avó guardará o escapulário dela como um tesouro e não o trocará por nada. Já aquele que não atravessou o luto de um ente querido não entenderá o apego a um colar de corda com a imagem de um santo.

A felicidade revela sempre saudade de uma fase da sua jornada ou eco de um encontro marcante. É desenvolvida pela evocação de uma cena confortável que se repete ou se expande no presente. Você vai revivendo o seu gosto de estar no mundo. Trata-se de um acúmulo de flashbacks e insights.

Querer ser como outro é um desejo postiço, pois você jamais conseguirá abdicar de sua peculiar sensibilidade.

Apesar de uma vida emprestada com luxos e benesses, suas dores continuarão sendo suas dores, seus medos continuarão sendo seus medos, seus arrebatamentos continuarão sendo seus arrebatamentos.

Caso assuma uma biografia distinta da sua, por acreditar que ela é mais promissora, ainda a colocará sob os efeitos de sua história afetiva. Ou seja, vai aclimatá-la de acordo com o que é capaz de compreender.

A fórmula de sucesso de uma personalidade não se replica. Cada um possui o que suporta e o que necessita.

De que adianta uma multidão de fãs se o seu maior propósito é se isolar, saborear a paz e não ser incomodado?

Felicidade é roupa feita sob medida, por alfaiataria. Não tem como passar adiante.

Eu acredito, resumindo a existência, que felicidade é simplesmente ter vontade. Tudo o que você realiza com vontade resultará em alegria.

Trabalho com vontade, amor com vontade, amizade com vontade, família com vontade: eis a imunidade completa contra qualquer inveja.

Menosprezamos o emocional pela nossa mania de apenas confiar nas doenças de fácil identificação, que rendem um atestado médico imediato.

Assim, uma gripe é mais valorizada do que um esgotamento.

Quando alguém diz que aquilo que sentimos "é apenas psicológico", não está levando a sério o nosso quadro. Insinua um exagero da nossa parte, um drama, uma invenção.

O interlocutor — talvez um familiar, talvez um amigo — balança o rosto, como se a nossa avaliação interna se mostrasse equivocada, como se fosse bobagem ou mera impressão, como se estivéssemos propositalmente distorcendo a realidade.

"É apenas psicológico" significa que você não tem nada de errado, que vivencia um desconforto passageiro e ilusório, que precisa controlar o seu medo, que não há nenhum fundamento para as suas inquietações e preocupações.

Não ocorre a sábia investigação do mal-estar. Ou, pelo menos, um interesse legítimo pela origem do problema.

Qualquer um que escuta essa sentença popular se vê na condição de farsante e impostor, forçando uma folga, buscando uma maneira de ficar em casa e não trabalhar.

As pessoas são desacreditadas, e o seu estado se agrava.

O ceticismo diante do mundo psíquico de cada um faz com que experimentemos, como nunca, esgotamentos mentais. Hoje são constantes as crises de ansiedade e de pânico, ou a síndrome de burnout, porque dissuadimos os mais próximos de seus sintomas, e eles acabam não procurando ajuda terapêutica antes do recrudescimento das suas fragilidades.

Desprezamos os sinais por duvidarmos do poder da mente e do quanto dependemos da saúde emocional para executar a nossa profissão e reagir às necessidades e anseios da própria família.

Existe um desajuste, um trauma, uma crise de identidade pedindo espaço. Se a alma não é socorrida, o corpo trata de falar por ela e sucumbe.

O que era psicológico logo se torna perigosamente físico. Pois só caindo de cama que o indivíduo recuperará a sua credibilidade.

Pode ser uma pressão no emprego, pode ser uma insatisfação no relacionamento, pode ser uma frustração dos seus rumos, pode ser uma sobrecarga de responsabilidades e expectativas. Há uma infinidade de motivos. Os contextos sociais nem sempre favorecem o alcance de um equilíbrio pessoal.

A infelicidade traz o isolamento. Quando você não tem lugar para comunicar as suas aflições, jamais as cessa, apenas cansa de expô-las. Elas seguirão aumentando silenciosamente e consumindo o seu raro tempo livre para fantasiar o pior.

A coragem da confissão, que sobrava inicialmente, vai perdendo ânimo depois que você é desestimulado por alguém. Dificilmente se abrirá outra vez. Não quer que o vejam como um fiasquento.

As doenças invisíveis são visíveis primeiramente na linguagem. Nunca esqueça que sentimentos são fatos.

O amor não precisa de palavras.

Se você depende delas, não amou ninguém na vida.

Eu vejo filhos acompanhando seus pais com Alzheimer. Eles entenderam a força do que digo: o apego vai além da comunicação.

É arrepiante no início conviver com quem não o reconhece, não se lembra de quem você é, troca o seu nome, atravessa surtos de agressividade, ignora a existência dos netos, entra numa espiral de trato áspero, defensivo e de frequentes apagões.

Não há glamourização na enfermidade de um ente querido. Corresponde a um violento deslocamento de papéis, a uma inadequação social, a constrangimentos íntimos, a uma exaustão emocional.

Talvez seja a mais turbulenta tentativa de tradução de um universo interior.

Mas todo filho que testemunha a demência paterna ou materna, com a contiguidade miúda e extrema, descobre uma segunda via de acesso para a alma. Ainda tem aquele rosto para emoldurar entre as mãos, aquele olhar para aproximar nariz com nariz, aquele corpo para abraçar e encaixar a bochecha no ombro.

Você se segura no afeto, no carinho diário, mesmo que a lição seja removida na hora seguinte.

É um eterno presente.

É como escrever na lousa da escola. Por mais completa que seja a sua resposta a uma equação matemática, por mais bonita que seja a sua caligrafia num texto redigido de costas para a turma, logo o apagador do professor não deixará mais nada ali, para seguir com a próxima tarefa, para dar espaço a outro colega.

O que foi escrito no quadro não dura até a próxima aula. Não que o conteúdo posto na superfície não tenha sido valioso, mas a alegria de viver não decorre mais da permanência ou da posteridade da letra.

Você carrega a experiência dentro de seu dever. Você já se torna uma pessoa melhor por se expressar.

Não chamaria o Alzheimer de degeneração — um termo técnico absolutamente cruel e desumano —, porém de transformação da mentalidade de reciprocidade.

Significa uma escola de recomeços. Haverá pequenos momentos de lucidez do contato com a pele.

É uma barra simbólica de giz branco por dia. É uma mensagem com o toque dos dedos, alisando os cabelos, afagando a testa. Logo seus gestos serão olvidados pelo feltro do apagador, do tempo.

E não poderá se valer de nenhuma recompensa, não poderá se fiar na fixação dos acontecimentos.

O que é feito hoje é somente para hoje, não serve para amanhã.

Tenho acompanhado a mudança de idioma sentimental da minha esposa com seu pai. É uma segunda língua da admiração, revestida de silêncio.

Ele não sofre de Alzheimer, mas arca com sequelas de paradas cardíacas. Não fala, não tem mais o domínio da motricidade, anda de cadeira de rodas, requer a assistência integral de enfermeiros.

Os grandes fatos de uma trajetória são substituídos pelos singelos caprichos.

Não importa que não sejam lembrados, pois foram vividos com uma intensidade incomum.

Beatriz comemora quando ele faz a barba, corta o cabelo, toma banho, coloca roupa nova, escova a gengiva, como se ele fosse uma criança.

Diante da sobrevivência, atos banais e corriqueiros para a maioria das pessoas são festejados como verdadeiros milagres do amor.

Sempre que Beatriz visita a Tia Teresinha, tem certeza de que vai encontrá-la a postos no hall de entrada do edifício.

A mesma antecedência é repetida pelas tias Norma e Geni.

Minha esposa avisa a hora que chegará, elas estão lá dez minutos antes.

Ficam reparando no movimento da rua, no fluxo dos pedestres, na floração das árvores, segurando suas bolsinhas de crochê, sentadinhas no banco de madeira, bonitas com os seus coques, prontas de véspera.

Quem olha de fora pensa que estão imóveis para uma fotografia. Talvez seja o clique de cima, do olhar de Deus.

Não acham que têm que fazer nada enquanto esperam. Somente esperam. Esperar já é uma ocupação. Oferecem o que há de mais raro hoje em termos de sentimento: exclusividade.

Não realizam duas coisas simultaneamente, não se mostram requisitadas. Não acolhem a agitação como um elogio da concorrência. Param de vez sua rotina quando reservam um determinado horário. Palavra é lei.

Já notou que os idosos nunca se atrasam?

Eles são pontuais, cautelosos, prevenidos nos tratos sociais. Não deixam ninguém esperando.

Curiosamente, aqueles que têm menos tempo de vida não desejam roubar o tempo dos seus afetos. Entendem o valor do tempo para não desperdiçá-lo. Aprenderam com a saudade dos amigos e familiares falecidos a jamais esnobar a falta ou ceder espaço do coração para a culpa. A morte dos entes queridos lembra-os da urgência da disponibilidade. Não é possível recuperar o que não foi vivido: a volta mecânica do pêndulo não permite voltas humanas.

Sabem o que significa um dia a mais. Todo dia é um pão caseiro, da roça, cortado em fatias, e não se joga nenhuma rodela fora. Corta-se apenas o que será consumido.

Os únicos que se atrasam são os jovens, aqueles que têm mais futuro pela frente e menos respeito pelo presente dos mais próximos.

Não honram os encontros combinados, os minutos a menos de cada pessoa, soterrados pela areia do egoísmo da ampulheta.

São perdulários da existência alheia.

Acreditam que cinco minutos, dez minutos, quinze minutos, meia hora formam uma tolerância aceitável. Presumem que não farão mal nem trarão prejuízo.

Às vezes, nem pedem desculpa. Nem levam em conta a demora. Não explicam o que aconteceu. Até porque não aconteceu nada: acham que todos devem relevar.

A impontualidade é soberba. Você não sai de casa antes porque não considera aquele momento como prioridade, como algo inesquecível. Enrola sem necessidade com atividades secundárias, ou com um telefonema, ou com o teste de sucessivos figurinos.

Não percebe hierarquia entre manhã, tarde e noite, entre sol se levantando e se pondo.

Um agendamento é igual a tantos feitos ao longo do dia. Não se importa se alguém já está aguardando. Não descortina a felicidade que existe na esperança. Jura que o tempo é só seu, que é protagonista da história, e trata os demais como meros coadjuvantes.

Não se atrasar é uma homenagem à vida do outro em qualquer idade.

Eu não gostava antes da saudade. Saudade era lembrar-me de tudo o que não tinha mais.

Hoje eu gosto da saudade. É lembrar-me de quem eu sou.

Saudade não é falta, mas presença. Eu sinto presença com a saudade, não mais sinto falta.

Sinto quem já morreu ao meu lado, sinto o amigo distante ao meu lado, sinto as versões anteriores das pessoas (tão diferentes do que elas são agora) ao meu lado. Nem preciso mais exigir que todos sejam iguais ao que foram um dia, muito menos cobro que continuem me dando o que me deram.

Não irei espernear para que um contato permaneça acessível, não correrei atrás de quem se despediu, não brigarei por migalhas. Nada, de modo contrariado, me interessa.

O coração está cheio com a saudade, não mais vazio, não mais poço procurando o balde, não mais abandono, não mais o medo de ficar sozinho, não mais a noção equivocada de ter sido largado às traças.

A culpa não domina essa nostalgia, como já fez tantas vezes, estendendo convivências exaustas, insistindo com o que não tinha mais reciprocidade ou tentando controlar os acontecimentos.

Não sofro com a avareza de antigamente, que buscava prender o instante de qualquer jeito, forçar o elástico da existência, dispor da companhia de alguém para sempre: basta-me ter experimentado a partilha, ter estado ali por inteiro dentro do possível.

Talvez a saudade seja a serenidade chegando em mim, longe de culpados, longe dos apegos físico e material incondicionais.

Não me lamentarei — "que pena que acabou" —, e sim irei festejar — "feliz que eu tive a chance de viver isso".

Estou satisfeito com o que recebi de cada um dos meus afetos. Não é porque nos desentendemos que apagarei o que foi bom. Ingratidão é somente pensar no presente.

Ninguém pode mais arrancar de mim o que vivi, ninguém pode mais distorcer o que vivi, ninguém pode mais alterar o que vivi — essa compreensão que existe na emoção, esse perdão que é aceitar as coisas como elas são.

A saudade é uma bendita segurança, um lugar definitivo das reminiscências, onde a memória torna-se finalmente minha, onde me encontro desprovido do risco de perdê-la.

Saudade é quando aquele tempo de amor fica, mesmo que você não esteja mais junto.

Se, no nosso dia a dia, somos sempre distraídos e sempre deixamos escapar algum detalhe, na saudade, em contrapartida, podemos escolher o que queremos olhar. Há a chance de sentar finalmente com calma, vislumbrar o passado e saborear o que foi vivido sem pressa, destacando somente o que merece ser lembrado.

É aquele momento em que nossos olhos, livres, não dependem de mais ninguém.

Eu só fui ter roupas para chamar de minhas a partir dos treze anos. Eu herdava as vestes do meu irmão mais velho, com as medidas maiores do que as minhas, com as mangas e as bainhas largas. Parecia que eu estava participando de uma corrida de saco de estopa.

Se a calça furava, a mãe vinha costurar remendo de couro. Todo dia eu estava pronto para a festa junina — um dia por ano eu acertava.

Íamos a pé para a escola. Jamais recebíamos carona, nem com febre. Aliás, íamos para a aula com febre esperando que ela passasse. Não pegávamos ônibus: caminhávamos não importando a distância. Sorte daqueles que moravam perto da escola, como eu.

Nossa família não era pobre, era simples. Todos eram simples, com exceção da classe alta.

Forrávamos os sapatos com folha de jornal quando a sola furava. Levávamos ao sapateiro em caso de emergência, aguardando um orçamento milagroso.

Em dias de chuva, nossas peças secavam atrás da geladeira ou perto do fogão a lenha.

Quando eu tomava banho, caía a luz. Gritava desesperadamente para alguém levantar o disjuntor. Ninguém ouvia.

O rodo ficava atrás da porta e eu precisava faxinar ao final da chuveirada, que inundava todo o piso desprovido de divisórias e níveis. Recém havia me limpado e já me encontrava suado.

A cortina no box servia de única proteção. Com o vento da janela, ela inflava, grudava no corpo ensaboado e assim me plastificava. Eu lutava contra a cortina. Às vezes, reagia com muita força e ela despencava do seu mastro.

Enfrentávamos dificuldade para controlar a água quente. Descia um fiozinho tépido capaz de lavar apenas metade do rosto. Ao tentar aumentar a torrente, descambávamos para o frio. A torneira lembrava um cofre, cuidávamos das polegadas de cada giro. Uma volta ambiciosa poderia ser irreversível.

Sempre havia uma gota gelada no meio da ducha quente. Não se conseguia permanecer centrado debaixo do chuveiro. A gota nos perseguia, implacável, como uma mosca diante de um peixe.

Talvez os meus filhos não saibam o quanto são privilegiados.

Quando a minha mãe me pedia para cuidar do leite, eu já sabia que teria que limpar o fogão.

Não existia chance de apagar o leite antes que fervesse e transbordasse. Nunca alcancei tal proeza. Nem eu, nem ninguém na história da humanidade. Não se tratava de algo real e acessível, mas de um desejo familiar impossível.

Eu permanecia por dez minutos olhando fixamente para a leiteira que aquecia, sem piscar, sem pestanejar, focado, concentrado. Era só virar o rosto um pouco para o lado, no entanto, que o leite subia e sujava tudo. Um descuido mínimo e o vulcão branco entrava em erupção, deitando suas lavas pelos cilindros. Um cumprimento inofensivo, um "bom dia!" a um irmão que surgia no corredor, e eu jogava fora o meu turno de vigília.

Foram dezenas, centenas de vezes mirando o bico da leiteira amassada, num jogo de estátua, mas sempre eu perdia, sempre eu piscava. Ela me ganhava na hipnose, na paciência, e me via depois, fracassado, resignado, passando a esponja entre as bocas de fogo. Bocas que riam da minha cara. O fogão bebia grande parte do leite de casa — sobrava nem metade para nós. Ele se lambuzava com o meu desperdício.

Nunca decifrava como o líquido da nata se solidificava com tamanha rapidez. Transformava-se subitamente em cola, chiclete antigo. Havia uma ciência para desgrudar o visco e não arranhar a chapa.

Os minutos de desatenção custavam minha paz de espírito, roubavam o tempo de tomar café com calma e de ir para a escola sem pressa. Chegava tarde na aula, com cheiro de detergente entre os dedos, inventando desculpas cada vez mais extravagantes para a professora.

Os atrasos foram registrados diversas vezes em minha agenda; eventualmente ganhava meia presença. Nunca compreendi o significado de estar presente pela metade. Deveria estar mais perto da ausência do que da presença. Se contassem os meus olhares distraídos pela janela, se computassem os meus sonhos acordado, poderia conseguir uma ausência inteira.

Eu me atrapalhava com os horários do toque do sino porque me condicionava à responsabilidade de arrumar a bagunça antes que a minha mãe suspeitasse e descobrisse o meu vexame.

Impelia-me, por uma obrigação moral, a deixar a cozinha impecável, a recuperar o brilho do aço com álcool, liberando o uso do espaço para o almoço. Só que o acidente envolvia outras panelas na rodovia das grades, e exigia também lavar a louça.

Acredito que a leiteira possuía um sensor facial. É a única explicação plausível. Ao mínimo movimento, ela regurgitava. Não havia como remediar, suspirar, gritar, espernear. Nada impedia a correnteza cálida rompendo os diques.

O que eu gostaria de mudar no meu passado? A leiteira. Sem sombra de dúvida, a leiteira. Queria uma vez na vida girar o botão para o lado direito antes do seu silvo borbulhante, do sibilo da tragédia doméstica.

O título de eleitor costuma ser o nosso elo perdido, uma maneira de reencontrar a nossa origem, a nossa escola, o nosso bairro natal.

Jamais tive coragem de alterar o domicílio de meu título.

Em toda eleição, eu me condiciono a voltar para a infância. É um regresso para onde nasci, para onde me criei e fui educado. Sei de cor o caminho à seção, não preciso consultar o meu registro e pedir informações no guichê de entrada.

Trata-se do meu lugarzinho de estimação, meu refúgio atemporal, meu flashback do destino.

Não tem graça justificar o voto e se valer do abono do trânsito.

Votação é o meu pretexto para retornar ao ponto de partida de todos os pleitos de minha vida, desde 1989.

Encontrarei meus antigos professores, envelhecidos, que nunca cansam de me dar generosos descontos de comportamento e dizer que eu era querido na sala de aula, que já adivinhavam que seria alguém no futuro. Professor será sempre o nosso primeiro profeta.

Vou me deparar com os colegas de classe do ensino fundamental — na verdade, eles que me localizam e me chamam por apelido que esqueci. Demoro a reconhecê-los.

Procuro uma pinta, um trejeito, uma mania que ligue o GPS da memória. Repassaremos como estão os trinta e dois alunos da lista de chamada. Depois de esgotar o alfabeto e acabar o único assunto que nos vincula, ficaremos sem jeito com o silêncio e nos despediremos com um abraço adulto e desajeitado.

Ando de mãos dadas com a minha saudade, atravessando as ruas da minha ingenuidade com uma atenção especial, celebrando as casas da minha época que resistem de pé e me assustando com os prédios altos em locais improváveis.

Armazeno observações para a conversa de café, leite e pãozinho no fim da tarde com a família. Falaremos sobre as transformações das fachadas e os novos vizinhos. No fim, tentarei decifrar em quem cada um votou, porém nem todos revelarão. Algum irmão ou tio transformará a boca de urna em boca de siri, defendendo a natureza secreta da opção.

Vivo um tumulto interior ao revisitar as vias asfaltadas que antigamente soltavam terra vermelha, ao atualizar o mapa da cidade, hoje tão diferente. Certas pracinhas permanecem iguais, com a vegetação irregular no tanque de areia do escorregador. Certas placas azuis das esquinas perduram inclinadas.

A cada dois anos, frequento o mesmo colégio. Antes o trajeto se mostrava coberto de propaganda eleitoral, com santinhos cobrindo o chão, tal serpentinas em carnaval. Não existem mais a festa e a algaravia na porta do prédio, devemos entrar e sair em silêncio. Resta a minha solidão de adolescente, intacta: a comoção de ser útil.

Quem já esfregou roupas com sabão de coco no tanque, e estragou as unhas, e ressecou as mãos, partilha comigo esta convicção: a máquina de lavar é a melhor invenção que existe.

Eu abençoo a máquina de lavar. Eu presto reverência. Nunca, com dois filhos, eu daria conta da casa sem ela. É o meu braço direito. Economizo metade do meu tempo caseiro a partir de seus serviços. Nem a xingo dizendo que ela bebe muito amaciante e lambe excessivo sabão em pó. Compro com sobra seus mantimentos para que ela continue me abastecendo com vontade.

Ela é tão importante que deveria ser instalada no quarto para a sesta. Dormiríamos com os barulhos terapêuticos da lavagem e do enxágue, e acordaríamos com o solavanco da centrifugação. Suas operações são perfeitas para a duração de um cochilo depois do almoço.

Lembro que minha filha, quando pequena, só se acalmava ao ver as roupas girando na espuma. Mais do que em passeios no carro, mais do que em andanças no carrinho de bebê, mais do que com cantorias no meu colo.

Eu colocava uma almofada no chão, e ela assistia à lavagem do dia.

A redoma era seu aquário. Às vezes, ela apontava: "olha a minha calça vermelha, olha a minha camisa amarela!" As roupas nadavam como peixes coloridos perante a sua extrema observação. Ela se divertia com as escamas das vestes, diferenciando os donos de cada peça.

Nem seu desenho predileto na televisão — As Meninas Superpoderosas — produzia tal envolvimento hipnótico.

Sou apaixonado pelas novidades na área. Examino os encartes publicitários no jornal, buscando as proezas dos lançamentos. Atualmente, há máquinas que secam e programam o horário, só falta alcançarem o fundamento de guardar no armário.

Eu já tentei, em várias oportunidades, oferecer de presente uma nova máquina de lavar para a minha mãe. Só que dona Maria não aceita. Meu carinho é frustrado. Argumenta que a dela permanece cumprindo sua missão.

Antes, pensava que ela não queria que eu gastasse, porque toda mãe é avarenta pelos filhos, prevenindo excessos à toa. Em seguida, fui percebendo que se tratava de um apego honesto, quase uma amizade vitalícia. A durabilidade do seu eletrodoméstico misturava-se à sua própria sobrevivência.

Ela comprou a sua máquina em 1972, ano em que nasci.

Nesses dias, a máquina de lavar de minha mãe andou até a porta da lavanderia. Esticou a coleira da tomada ao limite. Virou uma pessoa. Logo estará atendendo a campainha. Na hora de centrifugar, ela simplesmente caminha.

Ou ela possui a inteligência da intimidade, que é maior do que qualquer inteligência artificial, ou é mais um milagre da beata Maria.

Minha cozinha está brigando com a lavanderia. É uma rixa ancestral.

Faz tempo que eu vejo que uma está sacaneando a outra. As panelas odeiam o enxoval, ameaçando o seu perfume com fumaça. Não compreendo o motivo de os dois espaços ficarem colados se eles não se dão bem. Uma porta para as alas e as dinâmicas diferentes jamais será suficiente, até porque, na hora de cozinhar, esquecemos a porta aberta.

Mais grave seria uma cozinha americana. O ambiente conjugado é ideal para casalzinho ou solteiro. Invente de ter filhos para entender o que significa o cheiro dos bifes pela sala. O ranço de gordura vai impedir o uso do sofá. A família partirá para evacuação imediata aos quartos.

Certa vez, ao estender as roupas, eu não achava mais nenhum prendedor disponível. Recém tinha comprado uma caixinha. Fiquei intrigado com o sumiço. Reparei que eles vinham sendo empregados para fechar os sacos de diferentes produtos.

O feijão estava com prendedor. O café estava com prendedor. O arroz estava com prendedor. O milho estava com prendedor. O grão-de-bico estava com prendedor. Todos ridículos com tiara na cabeça.

Num exame de consciência, percebi que eu mesmo tinha realizado a relocação do material.

Se minha mãe visse isso lá em casa, subiria nos tamancos. Ela é da época do granel, de pôr os grãos do embrulho do armazém diretamente nos potes. Ela tem mais potes do que armários.

Quando me visita, é um caos: preciso esconder a muamba da sua blitz policial e recolher desesperadamente os prendedores dos saquinhos.

Ela nunca se restringe a conversar comigo na sala, costuma me dar um perdido na cozinha, uma vistoria camuflada, conferindo a ordem e a higiene do setor. Mãe e o projeto de lei "visite a minha cozinha" são sinônimos. Ela conclui que o prendedor, com a sua função deslocada, é o cúmulo da preguiça doméstica, da desorganização pessoal.

Pela sua mentalidade de Lego, não custa nada guardar os alimentos excedentes em vidros. Tanto que ela jamais joga fora as conservas de pepino ou palmito depois de usadas. Criou um cemitério de vidros vazios na sua área de serviço.

Se não há paciência para acondicionar os mantimentos, a mãe defende a adoção dos arames brancos de pão, menos escandalosos do que os pregadores coloridos.

Talvez seja o momento de naturalizar o vício, lutar pela legalização dos grampos na despensa. Os supermercados poderiam nos ajudar na campanha já os vendendo junto dos quilos dos alimentos não perecíveis, não mais ao lado das vassouras, do bombril e dos sacos de lixo.

Não sei o que posso fazer para estancar o contínuo desfalque dos prendedores e mudar os hábitos. Será que é intuitivo: colocamos a comida para secar após deixá-la de molho?

Depois de uma incerta idade — aquela idade em que você pensa qual é a sua idade antes de responder —, você passa a receber presentes seriados. É só um tipo de presente, monotemático. Seus afetos cansam de tentar opções. Parece que a criatividade acabou dentro de casa. Ninguém mais quer se incomodar investigando o que você gosta.

Ou ganha só camisetas de futebol, ou só camisas, ou só sapatos e tênis, ou só pijamas. Você vira uma loja de um único item.

Tenho enfrentado essa barra desde os quarenta anos.

Primeiramente, passei a ser presenteado com uísque no meu aniversário. Estava com fama de gambá, de pinguço, logo eu que raramente bebo. O estoque se mostrava extraordinário. Montei um bar com várias prateleiras de garrafas lacradas. Nem com festão para trezentos convidados eu terminaria o excedente. Nem vivendo trezentos anos eu beberia o conteúdo sozinho.

Fui reclamar da destilaria publicamente, e a natureza do presente único mudou.

Posso concluir que houve um upgrade na minha imagem. Subi de patamar. Atingi a fase seguinte, um nível inédito de dificuldade no videogame da maturidade.

A questão é: o que ele significa? Será que o regalo é como as pessoas me enxergam?

Não há como raciocinar de modo diferente. Uísque revelava que todo mundo me via como boêmio: um poeta insone e beberrão.

Agora meu filho me deu uma mala, minha esposa me deu uma mala, e o boato saiu do círculo familiar: um casal de amigos, Daniel e Cristina, me deu uma nova mala, com rodinhas de skate para disputar corridas com os passageiros aflitos, da revista até o portão de embarque.

Não deve ser uma casualidade. Já sei com o que vou ser brindado nas próximas datas comemorativas. Acabou a surpresa.

Tenho que me conformar com a minha estranha fisionomia de bagageiro. O ciclo costuma durar uma década. Preciso separar um espaço na lavanderia para acomodar as bagagens. Minha fama de aeroporto logo irá se espalhar aos quatro ventos.

Restam duas explicações possíveis para a definição do novo objeto: ou as pessoas desejam me ver longe, ou é uma indireta muito direta de que sou uma mala.

Nem venha alegar que significa que viajo muito para palestras e shows. Ou que, espiritualmente, vivo com os pensamentos distantes e me distraio escrevendo.

Lamentei o episódio com a minha terapeuta. Ela não me poupou da ironia:

— Veja pela perspectiva positiva de que você é uma mala adorada, moderna, com alça e rodinhas de skate.

Existe terapia para curar traumas da própria terapia?

Essa história de usar óculos de leitura vai criando constrangimentos. Você perde a liberdade. Você perde a autonomia.

É uma luta vã contra a velhice.

Depois dos quarenta anos, o cristalino não é mais o mesmo, torna-se menos flexível e menos apto a focalizar objetos rentes ao rosto.

Nos meus cinquenta anos, o oftalmologista me parabenizou:

— Era para ter acontecido antes.

Foi um atenuante que não melhorou em nada a autoestima. Ter resistido até ali não me trouxe nenhuma facilidade na aclimatação do hábito.

Você enxerga bem de longe, e a vista se embaralha de perto, naquilo que é chamado de inadiável presbiopia.

Para ler ou conferir o celular, é um tira e põe interminável.

Já para assistir a filmes ou dirigir, não mudará coisa alguma em sua vida.

São duas existências simultâneas. Como se bipartisse a atuação da sua personalidade.

Tudo piora com a praia.

Para escolher o tira-gosto ou a bebida num quiosque, você tem que colocar óculos para perto.

É completamente ridículo estar de sunga e de óculos. Ou você é marombado, ou intelectual. Não dá para acumular a aparência das duas poses.

Além do desgaste físico de encolher a barriga para as fotos familiares à beira-mar, ainda tem que encontrar um esconderijo para os óculos.

Vestido, você até o carrega na gola da camisa. Mas, no momento em que desfruta da condição de banhista, seminu, transportará os óculos onde?

Com as antenas do aro para fora da sunga?

Não tem como. É um atentado violento ao pudor.

Em cima da cabeça?

Esquecerá e acabará mergulhando com eles.

Junto de conchas e estrelas do mar, vejo sempre as ondas trazendo óculos perdidos. Passou a ser uma oferenda constante a Nossa Senhora dos Navegantes: traga os olhos de minha juventude de volta!

Da mesma forma espantosa, já cheguei à conclusão de que é preciso entrar no box do banheiro de óculos, por mais patética que seja a cena.

Se você está num hotel, na hora do banho, nunca saberá diferenciar o hidratante do xampu e do condicionador. São miniaturas com letras em miniatura. E todos são parecidos, com coloração semelhante no seu conteúdo.

Pode ter certeza de que eu me ensaboei várias vezes com creme para pele.

Não conheci alguém que tenha mais fotos 3x4 do que o meu pai.

Ele só confia na foto 3x4. É a foto oficial da sua vida. A foto de documento. A foto de verdade. A foto inviolável.

Tem que caber na palma da mão. Tem que vir com estojinho azul de duas abas.

A pose deve ser séria. Não pode rir. Não pode fazer palhaçada.

Ele não abre mão do ritual do estúdio, do banquinho alto, do guarda-chuva ao fundo, do flash, de esperar sentado na recepção para já sair com o material.

Não aceita imagens digitais de celular. Não aceita selfies. Considera que são manipuláveis e amadoras.

Confia no papel, na impressão do momento, no instante capturado de sua eternidade.

Ele frequenta o mesmo estúdio do bairro sempre que precisa renovar seus documentos. O dono do estabelecimento e ele têm entre si décadas de lealdade, mas ainda chamam um ao outro de "senhor". Não atalharam as saudações para a informalidade.

Existe um respeito ancestral, um acordo de sala, discrição e pagamento em dinheiro. Jamais saltearam a ordem dos fatos.

Eu lhe explico que não há mais necessidade dos próprios registros para confeccionar a identidade ou a carteira de motorista, pois eles são feitos na hora, pela câmera do computador.

Ele não cede às modernidades. Ele não me oferece os ouvidos. Ele diz que é sua tradição.

Apesar da teimosia, e talvez por ela, eu sou beneficiado.

Do hábito paterno, emana nossa ligação atemporal. Eu ganho de presente uma das suas pequenas fotografias.

Meu pai faz de conta que me deu a sua fotinho porque sobrou, porque solicitou uma dúzia delas.

Finjo que acredito. Ele disfarça o seu apego por mim. Não expõe a sua emoção à vista — ela é diluída em parcelas do cotidiano.

Na verdade, sei que meu pai quer que eu leve comigo uma recordação dele. Não duvido de que cometa o excesso de propósito, pensando em mim e nos meus irmãos.

Eu mantenho várias versões de seu rosto: jovem, de meia--idade, maduro, mais envelhecido, magro, rechonchudo, de barba comprida, de bigode, com bochechas lisas.

São oitenta e cinco anos de uma coleção completa de suas figurinhas, de um álbum em miniatura que carrego religiosamente no bolso.

Mostro aos meus filhos o quanto seus olhos são verdes, não azuis. O quanto ele mudou ao longo das suas diferentes fases. Como o vô era. Como se vestia a partir das golas das camisas. Como sua feição foi aceitando a nobreza das rugas. Como se tornou essa criatura da serenidade.

Ele unicamente não muda o seu gesto de confiar em mim como portador de sua evolução.

Suas 3x4 possuem um quê de santinho protetor, de superstição. Não que ele seja perfeito — ninguém é —, porém é meu pai. Sempre será meu amado pai. Ele transmite a paz de que estaremos juntos a cada nova revelação.

O amor é uma fotinho na carteira, nunca sai de moda.

Eu aspirava a ser carteiro

Acabei sendo poeta.

Quando pequeno, eu me emocionava com aquela figura vestida de amarelo e azul, com boné e sacola de pano.

Ela parecia conhecer todas as ruas, os quintais onde havia cachorro bravo ou só a placa de cachorro bravo para assustar intrusos.

Ela tinha a permissão de apertar as campainhas e interfones, sonho de qualquer criança, e não ser escorraçada como em um trote.

Ela tinha a autorização de observar as pessoas, de mudar a vida das pessoas com um bilhete de amor, ou uma aprovação de concurso, ou uma admissão de emprego, ou um cartão de um amigo distante.

O mundo dependia dos carteiros num período desprovido de internet, de celular, de conexões digitais.

Escrevíamos cartas, esperávamos cartas. Exercitávamos a caligrafia, mantínhamos contato frequente com a cola e com os envelopes.

As novidades do dia vinham com selos carimbados.

Meu pai não apenas recebia correspondência — parava tudo para conversar com o nosso entregador, interrogando o que ele trazia. Predominava um suspense com sua aparição ao portão.

— Oh, Nejar, acho que hoje só tem contas.

— Oh, Nejar, acho que hoje tem coisa boa: muitos pacotes.

Ele aumentava a esperança ou confortava a frustração. Cada embrulho, cada missiva era como um destino entregue em mãos.

Talvez eu tivesse inveja da importância do mensageiro, da frequência com que se falava dele dentro de casa. Há invejas que viram admiração.

Talvez quisesse que meu pai perguntasse de mim tanto quanto perguntava do carteiro.

A partir das 11h, o pai não parava quieto, ansioso, indo do escritório para a varanda e questionando várias vezes a família:

— O carteiro já chegou?

Talvez meu desejo de ser carteiro se resumisse a ser amado pelo pai. Eu via resplandecerem, nos seus olhos verde-limo, as expectativas felizes, a gula pelo mundo, o apelo pela partilha.

Os carteiros amarelos ainda existem. São mais discretos com a concorrência de inúmeros serviços de entrega. Só são vistos quando se faz necessário assinar um Sedex. Carregam sobretudo urgências ou faturas. E desaparecem pelas esquinas sem serem percebidos, com a invisibilidade do vento.

O reconhecimento social diminuiu com o tempo, mas jamais o meu apreço por sua função.

Se eu fosse carteiro, atrasaria o serviço, acumularia pendências, seria demitido rapidamente, porque eu não aguentaria a curiosidade: ficaria na frente do residente até ele abrir o conteúdo na minha presença. Não suportaria sair dali sem saber o que aconteceu.

Pois este texto é para você, meu pai:

— Oh, Nejar, sou seu carteiro por um momento.

Raras eram as residências com campainha. Batiam-se palmas no portão para chamar os residentes. Aplaudíamos os nossos afetos.

Os portões baixos e destrancados permitiam que a gurizada do bairro matasse a sede nas torneiras do jardim. Se o espaço não contava com a vigília de cachorro bravo, entrávamos sem pedir licença. Também nos servíamos à vontade das frutas das árvores em terreno alheio: bergamoteiras, ameixeiras, mudas de carambola. Tudo o que estava no pé poderia ser colhido, na base do buffet livre.

Não temia moradores de rua. Pois eu me sentia igual, semelhante. Vivia praticamente nas calçadas, migrando de um pátio a outro.

A mãe gritava da varanda que a comida estava na mesa. A voz era uma corda que encerrava as nossas fantasias e aventuras, e nos trazia de volta à realidade.

A noite não principiava com o escuro, com o surgimento das estrelas no céu, mas com a decisão materna. Tomar banho significava dormir. O suor ficava lá trás, na bola de couro, no pião e no carrinho de madeira.

Naquele tempo, conhecíamos um por um os moradores de rua. Assim como tinha o médico de família, tinha o mendigo de família. Assim como tinha o carteiro, tinha o mendigo do bairro. Assim como tinha o entregador de jornal, tinha o mendigo que aparecia sempre na mesma hora, pedindo pão velho.

Não vinha uma vez e sumia. Vinha sempre, formávamos a sua clientela fixa. Não atendíamos com raiva e pressa. Muito menos desaforávamos sua aparição. Mendigos não incomodavam. Acredito que alimentávamos uma admiração secreta pelo seu despojamento viajante, uma curiosidade pela sua história pregressa. Nunca foram confundidos com ladrões e observadores indiscretos dos pertences de dentro.

Nosso mendigo se chamava Alfredo. Usava chapéu de feltro e fumava cigarro de palha. Jamais reivindicava dinheiro, trocado, moedas.

Solicitava pão velho. O que nunca ganhava. Talvez terminasse desapontado, porque acabava recebendo pão quentinho, recém-comprado do armazém. Com a ajuda de um copo de leite, mastigava o pãozinho entre as mãos como uma gaita, com a manteiga ampliando a extensão brilhante dos lábios.

Falava pouco, pouquíssimo, um cumprimento ao entrar, um agradecimento ao sair.

A mãe o conduzia para a antessala, não aceitava que esperasse no sereno. E se ficasse resfriado? Nosso tradicional visitante chegava no entardecer. Esquisito que já o aguardávamos nas janelas. Tal uma banda. Ele surgia de repente, dobrando uma esquina, como um anjo dobra as asas para não ser reconhecido.

Ele passou a ser um segundo pai, meu pai da década anterior. Pois doávamos para ele as roupas antigas do meu pai.

Tornou-se uma cópia de chave paterna: vestia o pulôver, a camisa de gola, a calça.

Eu desfrutava da chance de ver meu pai mais vezes ao dia.

É muito comum, no interior, ter o comércio na parte de baixo da própria casa.

São residências antigas de dois andares, um para atendimento ao público e outro para a família.

Não tem nem como chegar atrasado ao trabalho, você somente precisa descer um lance de escada. Pode dormir até trinta minutos antes de abrir o expediente. Pode tomar o café tranquilamente, sem se desgastar com o engarrafamento ou com chuvas torrenciais.

Foi o primeiro home office que existiu. Você está sempre entre os dois mundos. Não sofre se deixou algo para trás no escritório, ou se depende de um casaco a mais com a queda de temperatura.

Reina a tranquilidade da gestão. Esqueceu a cafeteira ligada, sobe para desligá-la. Necessita de um documento ou um cartão, sobe para resgatá-lo. Não fica apreensivo com os lapsos da pressa.

O cheiro do ambiente, qualquer que seja a natureza do comércio, é também característico de um lar. Um cheiro humano de gente convivendo e circulando com frequência. Não prepondera o odor dos móveis, da tinta das paredes, das máquinas. Persiste uma doçura de banho tomado no ar.

Como se houvesse o vazamento no térreo do que ocorre na residência lá de cima.

Ao receber clientes sem sair do lugar, você fica menos estressado. Tem uma maior disponibilidade para atender, sem se preocupar com o que fará nos intervalos. Não é refém do lazer e descontração do cafezinho como único momento de respiro. Para almoçar ou jantar, desaparece sem chamar atenção.

Sua produção e foco profissional crescem efetivamente, sobrando tempo livre, pois metade das aflições e angústias decorre da interação doméstica acompanhada a distância. Eliminam-se as distrações das mensagens no WhatsApp e telefonemas. Você não se obriga a ligar para nenhum familiar a fim de saber como está, já que todos se encontram separados apenas por uma porta.

Com os pais mais acessíveis, o que costuma acontecer é que os filhos queiram depois assumir o negócio. Não mudam de carreira. Sentem gosto em prosseguir com a área de atuação e ampliar os tentáculos da tradição.

A herança se estabelece ao natural porque a manutenção daquela fonte de recursos é partilhada desde cedo. Ninguém vê o emprego como uma ameaça à intimidade, como um inimigo do bem-estar, como um enigma da inveja, como um ladrão dos interesses pessoais.

Quando as suas realizações e seu estilo de vida estão próximos, os segredos e medos das relações são superados pela honestidade da presença.

As paredes escutam e falam.

Avós são ninjas. Avós estão sempre adiantados nos acontecimentos.

Não têm aquela ansiedade terrorista. Agem com vagar, convictos das soluções, profetas da gentileza e do otimismo. Enxergam além das dificuldades momentâneas do crescimento das crianças e da sua adaptação ao mundo.

Os problemas dos filhos na escola, que parecem insolúveis aos pais, são contornáveis para os avós. Vivem dizendo: "questão de tempo, pegará jeito."

Na minha infância, a diferença já se mostrava no café da manhã.

Meus pais preparavam o desjejum quando meus irmãos e eu acordávamos. No exato momento. Havia aquela confusão na cozinha de frigideira, torradeira, potes abertos, caixinhas destampadas, chiado de chaleira. O ambiente se estreitava com os nossos tradicionais esquecimentos, as várias mãos na torneira, as mochilas nas costas impedindo a passagem e as portas abertas do armário. Mergulhávamos num caos coletivo de atrasos.

Quando eu dormia nos avós, reinava a paz. Porque o café estava pronto antes de eu levantar. Tudo servido. Tudo na mesa. O pãozinho, o bolo, os ovos mexidos no prato com a tampa da panela por cima, o bule com o leite quente. Experimentava a ordem do planejamento. Eu me sentia desejado, encaixado, com a quietude respeitada.

Com os pais, tinha que falar logo cedo, tinha que rir logo cedo das piadas para não ser taxado de emburrado, tinha que tirar as remelas dos olhos logo cedo. Não poderia demorar para responder a qualquer pergunta, ainda que dormindo, ainda que bocejando.

Com os avós, não precisava fazer nada, só ser quem eu era naturalmente. Só fui conhecer o silêncio na casa deles. Só lá encontrava serenidade para acordar e pensar.

Eles se antecipavam aos meus movimentos. Antecediam ao sol e, sem que eu percebesse qualquer barulho, deixavam o banquete pronto.

Nem um hotel seria tão previdente. Com os pais, estava habituado ao tumulto, à algazarra, ao vaivém dos irmãos, ao carro buzinando.

Quando pousava nos avós, os aflitivos segundos se convertiam em acalentadas horas. Era como se eles soubessem de cor e salteado a hora certa do nosso despertar. Possuíam um alarme nas pálpebras, um despertador no corpo, um galo cantando nos ouvidos.

Nada estava frio. Nada estava fora do lugar. Num átimo, acontecia a saída deles para a minha entrada em cena.

A almofada de flanela da cadeira se conservava ainda aquecida. Até porque eles já tinham tomado café um pouco antes.

Eu me recordo com carinho das tábuas carameladas do piso; das paredes pintadas de verde-água, o matiz predileto das casas do interior; da reprodução da *Última Ceia*, de Da

Vinci; e dos panos de prato com desenhos de uvas e tiras coloridas bordadas nas pontas.

Pais são manhã. Avós são madrugada. Pais são o sal das obrigações. Avós são o açúcar do cuidado.

Quando estou triste, uso um método eficaz: troco a muda de roupa da cama.

Dificilmente a minha melancolia, o meu abatimento, a minha mágoa resistirão a lençóis perfumados.

É um bem-estar indescritível esticar os pés no fundo deles. Deslizam na sensação de frescor.

Fico com a impressão de que a cama é nova com o incenso da lavanda. O edredom lavado conclui o trabalho de reposição de energias.

Ocorre uma fotossíntese entre os tecidos e a minha pele: esses lençóis limpos, que passaram por horas de sol, transmitem a sua luz para mim.

A fronha não estará mais marcada pelo suor dos cabelos, não terá o peso dos serões difíceis. Trata-se de uma reestreia, a página do calendário virada, a despedida dos problemas antigos.

Se a cama permanece com o cheiro vencido, com o cheiro usado do corpo, de quem rolou por ali pela insônia das preocupações, a tristeza aumenta. Sou capaz de chorar inclusive por dores antigas. Sou capaz de reprisar feridas do ego e misturá-las no coração.

Com o quadro de abandono do meu cantinho de repouso, redobram as minhas chances de isolamento e de vitimização. As lágrimas saem fáceis e fartas quando percebo que nada mudou na minha vida. Existirá um apego ao escuro.

Diante do enxoval reposto, organizado, esticado, é como se houvesse a transposição de lugar. Por uma noite, durmo com a alma fora de casa, durmo com a alma em hotel, durmo com a alma em viagem.

Minha esposa já conhece a minha tática de dar a volta por cima no humor, o meu Feng Shui amador, e nem mais reclama quando substituo os lençóis antes de eles completarem uma semana.

De onde vem esse remédio caseiro, que não exige nenhuma receita médica?

Do quintal da minha infância. Da alegria de correr no pátio com os lençóis estendidos no varal, devidamente levantados por uma vara para suas bordas não tocarem no chão.

Eu atravessava paredes de pano para poder brincar nos extremos do nosso terreno e alcançar a bergamoteira e o abacateiro. Serviam de biombos a meu teatro de fantoches, de obstáculos ao pega-pega com os irmãos.

Eu encostava a testa no lençol úmido, esticando-o ao máximo pelo rosto, até chegar ao outro lado. Ia e vinha sem parar.

Eu me enxergava curado com as repentinas compressas geladas pela cabeça. Para uma criança pequena, não deixava de ser uma aventura não enxergar o que tinha pela frente.

Querer descobrir o futuro é estresse do adulto. Querer controlar o futuro é o que nos adoece.

Naquele tempo da minha meninice, bastavam o sol lá fora e um dia de cada vez.

No momento de seguir ao trabalho ou à universidade, jamais perdia a minha parada por estar dormindo no ônibus ou no trem. Valorizava a pontualidade. Não brincava com os meus compromissos mesmo partindo de madrugada, com o breu e a lua no alto. Não arriscava o estudo ou o ganha-pão.

Na ida, eu poderia cochilar, pestanejar, mas martelava a cabeça de repente no vazio e voltava à realidade. Olhava a paisagem ao redor, estabelecia a minha localização, pescava com os olhos um prédio de referência e, ainda em tempo hábil de apertar a campainha, conseguia descer, cambaleante, no ponto certo.

Eu me censurava porque cultivava um alto senso de responsabilidade. Fazia questão de me sentar no corredor para o evitar o tumulto e sair mais rápido em direção à porta.

O problema era a volta. A terrível volta.

Quando relaxava dos compromissos já vencidos, eu simplesmente apagava, desmaiava, entrava em coma. A paz de espírito me anestesiava do contato externo. Mudava até de assento, aconchegando-me no travesseiro da janela, para não ter o incômodo de dar passagem a alguém ao meu lado.

Terminava chegando tarde ao lar porque não ressuscitava na hora de descer. Retornava uma parada, caminhava algumas quadras, mas nenhuma demora considerável que gerasse apreensão nos filhos e na esposa.

Eu vivia jogando tabuleiro com o destino. Só que nunca havia recuado mais casas do que avançado. Permanecia na igualdade entre sorte e azar nos dados dos horários.

Até acontecer o blecaute. Na época, eu morava em São Leopoldo, a 39 km da capital, e trabalhava em Porto Alegre. Na saída do emprego, lembro que subi no Trensurb na estação do Mercado Público. Ao acordar, eu estava estranhamente na estação da Rodoviária de Porto Alegre.

Ué, parecia feitiço. O trem tinha andado para o sentido contrário?

Eu me encontrava uma parada antes daquela em que entrara. Fiquei perplexo, custei a entender o lapso. Seria uma dimensão paralela, experimentava o multiverso?

Afinal, a minha sensação era que havia adormecido apenas por alguns minutos.

Não poderia ser verdade. Porém, pela lógica, fui a São Leopoldo e voltei para a capital sem perceber. O sono profundo me enganou com a sua intensidade e cronologia toda particular.

O mais grave vem agora: espiei o relógio e haviam transcorrido três horas de minha saída. Embarcara às 19h e já eram 22h.

Ou seja, pasmem: eu fui a São Leopoldo duas vezes e voltei.

Virara noites consecutivas para concluir a minha dissertação de mestrado em Letras na UFRGS. Apesar de rastejar como um morto-vivo, jurava que ainda mantinha controle sobre o meu corpo.

Que nada, não subestime a avalanche do cansaço no sangue.

No ônibus, certamente teria sido cutucado pelo cobrador ou motorista no fim da linha. Mas no trem, enquanto o bilhete também dormia na roleta, não contava com nenhum despertador humano.

Difícil mesmo foi explicar para a família onde eu estava. Ninguém acreditou em mim. Bati o recorde de cochilador em transporte público.

Lamento quem nunca empurrou seu carro. É um antecedente maior de humildade. Você aprende a suportar a opinião dos outros depois do vexame no meio da rua. Cria um escudo contra falsas expectativas, põe um colete contra as críticas. Não será tão influenciável quanto antes, não sofrerá buscando manter as aparências. Estará vacinado para tropeços na calçada, pisões em poças de chuva e micos derramando o conteúdo de copos na mesa.

Trata-se de uma libertação dos condicionamentos, o momento em que você assume a sua pobreza e já não liga para censuras alheias.

Não vai querer ostentar, mentir, fingir que tem mais posses do que realmente tem. Encontra a honestidade da sua essência, o riso da desgraça, a gargalhada na mais ferrenha adversidade.

Entende ainda que não se manda na existência, que a onipotência é uma miragem. Haverá sempre dias bons e ruins, objetos quebrando quando mais precisar deles e aparelhos de uso rotineiro pifando na sua hora mais atrasada.

Todo desespero é apenas falta de experiência. A calma vem da reincidência.

Eu já fiquei parado em avenidas movimentadas, seja com o meu primeiro Fusca, seja com o meu segundo Gol.

Todos que passavam ficavam com pena de mim enquanto tentava forçar o veículo a "pegar no tranco". A cena gera mais misericórdia do que o triângulo à beira da estrada.

Quando morria a bateria, ou o motor não ligava porque o carro havia adormecido no sereno, o negócio era chamar os caronas a dar uma mão. O povo corria do lado de fora, de um modo cômico, até o carro ganhar impulso numa lomba.

Com os gritos de incentivo ("vai!", "agora!", "liga!"), eu tinha que girar a chave na ignição no instante certeiro, na segunda marcha, soltando a embreagem rapidamente e pisando no acelerador. Ai se eu errasse e desperdiçasse alguma ladeira. Ninguém me perdoaria. Ninguém empurraria o carro duas vezes. Ninguém admitiria condutor boca-aberta.

Com o arranque, a claque de apoiadores vibrava e se deslocava, ligeira, para entrar pela porta quase em movimento.

O automóvel tossia ao recuperar a sua vida. Parecia que ele cuspia para fora um caroço que entalava na garganta do carburador.

A fumaça branca sinalizava a vitória, consagrava o pontifício, assegurava a esperança de que chegaríamos ao nosso destino. Pensaríamos novamente no assunto na volta. Até lá, comemorávamos a batalha vencida.

Quem já encalhou jamais deixará de prestar socorro a motorista solitário. Acordará a empatia da sua antiga aflição.

Eu fiz grandes amigos empurrando o carro. Talvez seja a melhor técnica para confirmar amizades: partilhar um vexame.

Viagem marcante é quando você conhece uma cidade e conclui: eu poderia viver tranquilamente aqui. Passa a se fantasiar alugando um apartamento, conversando com vizinhos, frequentando o comércio, passeando com a família. Manda postais imaginários para si festejando a descoberta. Fotografa cada movimento na rua com assombro delicioso. Bicicletas, gatos, placas, letreiros, solitários em bancos de pedra capturam o seu olhar amoroso.

Quem nunca viveu essa sensação? Seja na praia, seja na serra, seja no campo: é um lugar em que você se sente à vontade e começa a sonhar com um segundo domicílio, um endereço hipotético. É como se fosse cativado por um jeito de ser, que desperta a sua melhor versão, que transmite paz interior.

Cidades são como pessoas. Não tem como amar duas ao mesmo tempo, mas você pode se apaixonar por várias ao longo da existência.

Não que vá morar nelas de verdade, tomado pela passionalidade do frete ou do desapego. É uma mudança interior maior do que física.

Aconteceu um match daquela geografia com a sua espiritualidade. Você encontra uma atmosfera tranquila de pertencimento. Nem se vê como turista, não se interessa em colecionar pontos históricos, deseja experimentar a normalidade de seus moradores. Pretende descobrir quais são os restaurantes, os bares, as praças de que seus habitantes comuns gostam.

No sentido contrário à ostentação das redes sociais, é arrebatado pela simplicidade, pelo anonimato, pela cultura do barato e bom.

Tanto que não abre mão de achar algum cantinho para chamar de seu. Um estabelecimento simpático e discreto — de tabuleta prosaica, nas proximidades do hotel ou da pousada — que vai se tornando parada obrigatória de suas andanças.

Sem perceber, estabelece uma continuidade de lar dentro de uma estada provisória, cria uma rotina diária em sua transição.

Está a passeio, mas já definiu um esconderijo para seus momentos prediletos, em que aparece consecutivamente, dia após dia.

Talvez seja um café, talvez seja uma lancheria. Bate o ponto ali até o fim da viagem. É capaz de escolher a mesma mesa na janela ou o mesmo banco no balcão. Não troca de assento. Conhecerá o garçom ou atendente pelo nome. Pedirá o de sempre com honrarias de um cliente antigo. Deixará uma gorjeta para ser lembrado com facilidade.

Há viajantes que demoram para se enraizar, e outros, como eu, que são como plantas que pegam de galho. Faço novas mudas a partir dos empréstimos de folhas, gravetos e ramos. Sou como o guaco, o alecrim, o tomilho.

Do pé de uma cartografia estranha, invento intimidade.

Se você tem mais de quarenta anos, não é possível educar o seu filho como na sua infância. O mundo é outro.

Não há nem como explicar para ele que você passava o tempo inteiro fora de casa. Voltava unicamente quando escurecia, quando os pais o chamavam para jantar. Os pais gritavam o seu nome da varanda ou da sacada. Você ouvia onde estivesse.

Tudo acontecia na rua. No seu quarto, só cabia o beliche. Não tinha espaço para mais nada. Repartia o dormitório com os irmãos. Assim como revezava a bicicleta com eles — era uma para todos.

Nunca chegávamos aos pais para lamentar que não tínhamos com o que brincar. Não existia tédio. Recebíamos brinquedos exclusivamente no aniversário e no Natal.

Elaborávamos os nossos passatempos com o que havia pela frente.

Lutávamos com cabo de vassoura de lança e tampa de lixo de escudo.

Jogávamos futebol na calçada, com goleiras improvisadas nas portas das garagens.

Disputávamos taco usando gravetos ou latas de azeite como casinha.

Montávamos um campeonato de bolinhas de gude no areal mais próximo, saindo dali deserdados ou ricos, sem nenhuma bolita ou com uma nova coleção, conquistada nos arremessos da forquilha entre as pontas do polegar e do indicador.

Riscávamos as lajes para amarelinha.

Pulávamos corda coletivamente, esperando o ciclo completar para nos alinharmos na fila do salto.

Desafiávamos a altura dos fios de luz com pandorgas.

Reuníamo-nos em curioso bolinho ao redor do colega que trazia uma novidade na época — podia ser ioiô, pião, bilboquê, bambolê, elástico.

Os pais não compravam pacotes de figurinhas. Completávamos os álbuns com o bafo no recreio.

Não havia condomínios fechados, limites de acesso a um local.

Galgávamos os muros dos vizinhos. Vivíamos em telhados, impulsionados pela escadinha das mãos dos amigos.

Subíamos em árvores para buscar nossas frutas. Raramente pegávamos compradas na cozinha.

Andávamos de pés descalços no verão. Tomávamos banho de mangueira. Bebíamos água da torneira. Ficávamos por horas debaixo da chuva, escorregando na lama. A gripe fugia de nós.

Atravessávamos a capital a pé, em bando, desprovidos de troco para o ônibus. Tínhamos que nos virar no contraturno da escola. Os pais já se encontravam muito ocupados com o trabalho para perder a paciência conosco.

Sem celular, eles nunca sabiam onde estávamos e não morriam de preocupação. Confiavam em nosso instinto.

Não perguntávamos aos pais o que deveríamos fazer. Não existia ansiedade.

Por isso, diferentemente dos jovens de hoje, que são capazes de morar em qualquer lugar, com um poder de maleabilidade e adaptação, sofremos uma dificuldade intraduzível de sair de nossa cidade.

Somos apegados ao nosso primeiro bairro, presos à cartografia dos passos fundadores e descobertas da formação.

Por que amamos tanto a nossa cidade? Foi ela que nos criou.

Minha infância não foi globalizada. Eu mal saía do meu bairro. Minha experiência pode parecer tacanha à nova geração, que se desloca para longe desde o berço, que fala com gente de qualquer parte, que tem o inglês como um segundo idioma básico.

Mas não troco meu conhecimento de chão por um passaporte totalmente carimbado.

Eu ainda prefiro ter a cidade como meu mundo a ter o mundo como cidade, diferentemente de quem nasceu depois dos anos 2000.

Hoje você dispõe de mais facilidades de adaptação, de comunicação, de locomoção. Só que não sossega num lugar fixo. Não tem um lugar sagrado, uma residência definitiva. Não conhece sua cidade "como quem examinasse a anatomia de um corpo", para lembrar verso emblemático de Mario Quintana.

Você é de todos os lugares, e um turista do seu berço natal. Não se apegou à atmosfera de um parque ou de uma praça. Não treinou a falta. Não gritou "cheguei" abrindo a porta de casa. Não sofreu picos de nostalgia com uma mudança. Não chorou por um amor perdido. Não suspirou pela primavera das árvores mudando a cor da calçada e dos passos com suas folhas alaranjadas. Não namorou no drive-in.

Troca de endereço com desembaraço, aceita empregos distantes sem crise de consciência, realiza intercâmbios com a adrenalina do desafio. Suas relações são do momento, para o momento, absolutamente circunstanciais. O presente tem a dinâmica de stories, durando vinte e quatro horas. Termina romance apartado da fossa e do medo de nunca mais ver a pessoa. O passado não pesa. O guarda-roupa mora nas malas.

Não vou cometer o crime da vaidade e da velhice de dizer que, no meu tempo, era melhor. Balbucio na hora de explicar para a linhagem digital a minha época de formação, até meu vocabulário é arcaico.

Posso garantir que ela era sentimental e exclusivamente presencial. Não se faziam contatos a distância. O amor platônico acontecia pelo vizinho ou vizinha, ali na janela paralela do mesmo prédio, jamais por alguém de outro país.

Não troco o meu passado por nenhum novo futuro. Eu tinha o principal, uma tecnologia que não existe mais: a tecnologia dos amigos para a vida inteira.

Cultivava a turma da rua, a turma da escola, a turma do futebol, a turma dos primos e tios. Dificilmente me mantinha sozinho. Não padecia de ansiedade e de pânico — esses sentimentos gigantes do desenraizamento.

Na infância e na adolescência, nunca pisei fora do meu estado. Em compensação, demonstrava intimidade com cada vão, cada brecha, cada palmo, cada esquina, cada terreno baldio da redondeza. Sabia de cor os becos, as ruas sem saída, as escadarias que serviam de atalho entre os quarteirões.

Quando sou obrigado a viajar, eu quero sempre voltar. A saudade é maior do que a aventura. Talvez a saudade seja a minha mais fremente aventura.

Não consigo ficar longe da minha churrasqueira, da minha varanda, da minha biblioteca, das minhas plantas, do fardamento das manhãs, da minha cama, dos afetos que frequentam o meu lar desde criança. Tenho uma possessividade provinciana. Minha alma é incuravelmente bairrista.

Antes, passar em concurso público era para toda a vida. Quando a existência tinha uma longevidade média de sessenta anos.

Não deve servir de régua atualmente, pois as pessoas alcançam oitenta anos para mais.

Há possibilidade sadia de saborear mais de uma profissão, de cursar mais de uma universidade, até o fim dos nossos dias.

Você pode querer ser alguém no primeiro terço de sua vida, e assumir papéis diferentes e opostos nos dois terços restantes.

Temos direito a várias encarnações em nossa próspera biografia. É quase impossível não mudar de vontade, de estilo, de opinião ao longo do tempo. Ninguém mais desejará seguir com igual ofício por décadas a fio, desperdiçando a chance de ter o seu negócio, de receber convites que exijam independência e autonomia ou de optar por desafios e aventuras em distintas paragens. Ninguém mais aceitará se reduzir a uma única função monótona atrás de um balcão ou de uma mesinha.

Viver deixou de ser sinônimo de conformismo, está mais próximo da ideia de intensidade, de aproveitar ao máximo as nossas habilidades.

Experiências têm data de validade. Se o concurso público já serviu para obter estabilidade e segurança financeira com a sua natureza vitalícia, como se fosse uma aposentadoria precoce, para não mais se preocupar com emprego, para ter um lugar seguro, para formar família e comprar casa, para não sofrer com o pagamento dos boletos, agora ele é pivô de constrangimentos e dos maiores dilemas do mundo do trabalho.

Quem foi aprovado depende de maturidade corajosa para desistir da carreira garantida, do salário do fim do mês e do conforto dos benefícios e tentar uma outra área absolutamente do zero, que tenha a ver com as suas ambições do momento.

O difícil é explicar para os parentes que a decisão não é loucura, que não é um disparate, que não levou embora a cabeça e o juízo.

Os concursados de muitos anos vêm atravessando crises de identidade. Adoecem justamente por não saber como se desligar de um posto de que não serão demitidos.

São vistos como condenados a um modo monotemático de subsistência pela trajetória inteira. Ainda mais que houve sacrifícios e renúncias durante o período de estudo, para conquistar uma vaga entre milhares de candidatos. Padecem da culpa de abrir mão de um sonho.

Mas os sonhos se transformam, as exigências se renovam com o cumprimento de objetivos, as redes sociais ampliam as esferas da criatividade e do empreendedorismo.

Aquilo que antes se caracterizava pela motivação pessoal pode se tornar um fardo, uma sina, uma obrigação para corresponder às expectativas alheias.

Com intuito de manter um status, qualquer um é capaz de se contrariar, de se estressar, de ultrapassar os seus limites, de matar o seu entusiasmo e de frequentar situações desconfortáveis com colegas que não partilham mais o ideal de sua felicidade.

O concurso público ainda desfruta do conceito unânime de salvação profissional, que deve ser revisto por uma questão de saúde emocional. Não é uma prisão perpétua.

Já tenho mais de meio século. Quem é de fora vai se preocupar com a minha aparência: dirá que nem pareço ter essa idade. Quem é íntimo vai se interessar pela minha essência: dirá que justifico a minha idade.

O que muda é que, aos cinquenta, passamos para o outro lado do balcão. Não somos mais servidos, começamos a nos servir, a nos atender, distanciando-nos de qualquer dependência.

Não vamos mais esperar que alguém faça o que desejamos. Dispensamos a telepatia, a idealização, a necessidade das surpresas. Antes cobrávamos amor, agora nos resolvemos com o autocuidado.

Você transforma a sua existência em seu próprio negócio. Não vai trabalhar para mais ninguém. Pode até falir, mas é senhor dos seus horários. Aprendeu a dizer não a compromissos suspeitos e constrangedores. Para sair de casa, tem que valer realmente a pena.

Não pede aprovação para viajar, para sumir, para enlouquecer, para errar, para amar.

Não se assusta com as suas tristezas, até acha agradável um dia de chuva para organizar as emoções. Não é insaciável com as alegrias e com o sol, conhece a hora de se retirar antes da insolação e deixar a saudade chegar.

Nada é tão grave que não possa ser consertado, nada é tão lindo que não possa ser esquecido. Você percebe que não é tudo o que imaginava a seu respeito, mas também não é tão pouco quanto o que os outros dão por você.

Não tem interesse em promover uma grande festa de aniversário, com o único objetivo de agradar aos amigos. Na verdade, você observa, de modo retroativo, que jamais conseguia curtir as suas comemorações, tão focado em receber as visitas e ser simpático, só limpando a bagunça ou abastecendo copos e pratos.

Hoje privilegia pequenas reuniões com convidados escolhidos a dedo, que não se incomodarão quando quiser sair de cena.

É a serenidade vindo. Você já não se considera invencível, imortal. Admite a ideia de poder morrer a qualquer momento, mas tampouco perdeu a esperança ou está disposto a desistir da sua vida. É uma coragem que vem da aceitação dos limites. É uma limpidez da vontade que não permite mais adiamentos.

Seus filhos estão crescidos, e não é possível mudar radicalmente o jeito como enxergam você. Não cometerá extravagâncias para conquistá-los. Ou foi bom pai ou boa mãe pelo conjunto da obra até aqui, ou será um nome na certidão de nascimento deles. Não existem milagres ou repescagens, é o período de colher o que foi plantado.

Se alguém se afasta, você respeita, não força afinidades. Se um desconhecido se aproxima, você acolhe, aproveita os acasos.

Não se aflige à procura de consenso, não mente para atalhar benefícios, não se martiriza buscando uma unanimidade. Não há culpados pelas suas mágoas, restando apenas a responsabilidade de ter vivido. Saiu do rebanho por uma trilha pessoal.

Tolera as divergências porque seu temperamento já se encontra formado. Sabe que seu gênio não é fácil. Não tenta se iludir fingindo que é de trato simples. Melhor a solidão sincera do que a bajulação. Melhor enfrentar a oposição do que não ter opinião nenhuma.

Suas dores são roupas limpas nas gavetas. Não leva e traz os seus sofrimentos, muito menos os exibe para terceiros.

Aproxima-se emocionalmente de seus velhos, que estão há mais tempo no outro lado do balcão. Finalmente para de julgar seus genitores. Mostra-se livre para a gratidão. Não se compara com eles nem se vangloria por tomar decisões totalmente diferentes das que adotaram em seus caminhos. Entende as suas escolhas, provações, renúncias e sonhos. Ri do que não tem solução e se esforça para escutar mais do que falar.

Cinquenta anos é quando os ouvidos nascem.

Se eu precisasse escolher um único aposento de toda a casa para ficar trancado no Apocalipse, seria a cozinha. É onde converso relaxado, preparo o mate, tomo o café da manhã com a esposa e os filhos, recebo os amigos mais assíduos para confidências.

Na última semana, meu melhor amigo me visitou para fazer um risoto para a minha família. Ele assumiu a cozinha. Não há prova maior de amizade do que emprestar a cozinha, maior do que emprestar dinheiro, maior do que emprestar o carro. Deixar que alguém mexa naquele ambiente íntimo é total confiança, porque vai alterar o cantinho de cada pertence, de escoador a pegadores e colheres de pau.

Em certo momento da sua movimentação com as panelas, ele me perguntou onde estava o chinois — pronunciou "chinoá". Dei de ombros. Minha esposa tampouco conhecia o que era aquilo. Zé não desistiu e procurou na terceira gaveta. Todo mundo reserva uma gaveta para colocar tudo o que é não talher. Lá, ele encontrou o funil de metal. Eu não tinha ideia de como a estranha peça cônica havia chegado até ali. Se viera como presente de casamento ou como herança do antigo morador. Não nos lembrávamos de ter comprado.

Recordamos os itens mais frequentes de nossa rotina — o ralador de queijo, a espátula, o abridor de latas, o saca-rolhas, o cortador de pizza, o cutelo —, mas ignoramos a existência de metade dos acessórios domésticos disponíveis em nossos armários: o almofariz, a chaira, o mandolim, o zester, o descaroçador. Cada um tem uma função, um propósito para facilitar a vida.

Nosso coração é como essa gaveta de mistérios, cheio de emoções que não usamos. Nele habitam finalidades e forças inexploradas. Nem sabemos da sua presença. Desprezamos grande parte de nossos dons pela comodidade de repetir o básico, pelo medo da criatividade, pelo receio de errar ao tentar novas receitas de comportamento e de felicidade.

Quantas virtudes seguem intocadas dentro de nós pela pressa ou pela indiferença doméstica?

Recorremos aos grandes sentimentos como o Respeito, e esquecemos que há a Decência e a Honra depositadas no fundo da gaveta, instrumentos importantes para a preservação da nossa coerência. São princípios que deveríamos empregar com mais frequência para garantir fidelidade aos nossos sonhos.

Você tem utilizado a sua doçura, o *fouet* do seu espírito, para fazer a clara em neve?

Uma visita me apresentou a minha própria casa, devolveu o potencial de meu lugar e de minha personalidade, despertou a gratidão pelo patrimônio que já possuo, mostrou a exuberância das ferramentas que estão à minha disposição.

Amigos são tão raros quanto um amor.

Você terá pouquíssimos amigos fiéis ao longo da vida. São suas fortalezas, seus ferrolhos, seus segredos guardados, o silêncio perene da confiança.

Não falam mal de você para os outros, somente reservadamente para você mesmo. As críticas são privadas e temperadas com uma palavra de incentivo para aliviar o travo de amargura.

Banalizamos a amizade como se ela fosse artigo comum e farto na rotina.

É fácil conhecer alguém, o difícil é a permanência dessa pessoa ao nosso lado. Alguns contatos não prosperam apesar da simpatia do encontro. Não conseguimos explicar o motivo da ausência de continuidade. Simplesmente não era para ser. Os telefonemas param, as mensagens ficam esparsas e não há como retomar o entusiasmo do início. O encanto se quebra com o vácuo.

E temos amigos tão verdadeiros que, diante de um tempo sem conversa, nunca nos desligamos deles. Porque existiu antes tamanha entrega e reciprocidade que nem a distância arrefece.

É como se tivéssemos transposto a rebentação do mar e atingido as marolas calmas e serenas da intimidade. Boiamos agora na alma e no fluxo do pertencimento. Não seremos mais tragados pelas ondas violentas. Saímos do raso da cordialidade.

Acredito que, depois de compartilhar experiências cruciais, a cumplicidade jamais se quebra. Vigora uma lealdade pela existência afora.

Quando a conexão alcança um ponto específico de troca, um determinado estágio de evolução dos laços, o caminho é apenas de ida. Não se volta na catraca. Não tem como perder a amizade. Virou eterna.

Você pode brigar com o amigo, pode discutir com ele, mas sempre sobrará espaço para o entendimento. Atravessaram juntos perdas, separações e privações, que aumentaram a tolerância um com o outro. São mais capazes de se perdoarem porque se conhecem a fundo, respeitando mutuamente as limitações e os defeitos.

Esse amigo é definitivo, parte indissociável da sua família pela antiguidade, pelos conselhos dados, pelo sépia das fotografias.

As novidades não serão mais importantes do que o legado. Nenhum novo acontecimento vai desajustar o encaixe complementar de temperamentos.

Ainda que não ocorra a proximidade física constante, ambos se mantêm atentos e prontos para um eventual socorro. Ressurgem nos momentos de maior necessidade, antecipando-se a qualquer pedido de ajuda.

Partilham de uma sintonia fina para detectar ruídos da dor, ou estranhezas de comportamento, ou sinais públicos de que o seu companheiro não está se sentindo bem e precisa da exclusividade do amparo.

Aquele amigo que segura forte a sua mão e não solta é o que aguentará a alça da morte e da saudade no seu enterro.

A primeira vez que eu disse "eu te amo" a um amigo foi para o Zé. Por telefone, meio rápido, arrependido. Tinha preconceito com a emoção masculina. Eu supus com alívio que ele não havia escutado, mas respondeu, ao se despedir, que também me amava, pausadamente, dando-me uma lição de virilidade.

É destino do melhor amigo ser chamado por um apelido, trazendo o hábito da infância para a fase adulta. Então, José Arlindo Klein Júnior, que tem o nome do seu pai já falecido, virou Zé para sempre.

Lembro exatamente como nos conhecemos. Ele foi meu personal trainer. Eu estava recém-separado de uma namorada e decidimos alcunhar o pior aparelho da musculação com o nome dela. Assim eu ganhava um ânimo extra para superar a minha série. Ríamos enquanto ele me orientava com os exercícios. De repente, nem mais treinava, passava na academia somente para filosofar com ele.

Todo dia, religiosamente, nos falamos. Depois da minha esposa e dos filhos, é a pessoa com quem mais converso. Uma hora de reflexões, além dos acontecimentos banais. Há uma afinidade entre nós, uma facilidade de piada e de comunicação. Não existe o tédio, o cansaço, a fadiga dos metais da voz. Jamais deixamos o telefone tocar impunemente.

Talvez tenhamos dores parecidas, e um tenha aparecido na vida do outro para curar definitivamente o medo da rejeição.

Atravessamos a adolescência nos sentindo feios, desajeitados, bichinhos da couve. O sofrimento dele era o meu sofrimento, e eu entendia o que mais o machucava por se tratar da minha ferida.

Ele conversa como quem escreve. Já foi de tudo: professor de tênis, de educação física, empresário, palestrante. Hoje é filósofo e estuda psicanálise. Nunca entra num debate para perder.

Zé me inspirou algumas crônicas, até a melhor, "Todo filho é pai da morte de seu pai", quando me contou que segurou no colo o seu pai adoecido de câncer, aninhou o pai, embalou-o, entoou uma canção de ninar para ele dormir em paz.

É padrinho de meu casamento com Beatriz, segundo pai de Vicente e de Mariana (a sua filha Amanda o empresta), o nosso motorista nos jogos do Beira-Rio. Eu é que apresentei para ele Carol — intuí que iriam ficar juntos. Costumo almoçar na residência de sua mãe e me sentar ao seu lado na mesa, como se fosse seu irmão. E sou seu irmão, seu único irmão numa família de cinco irmãs.

Nossa confiança é tão grande que ele já teve cópia da chave do meu apartamento, inclusive me salvou quando tomei cerveja oferecida por estranhos num copo batizado com "boa noite, Cinderela". Mal fiquei na festa e, tonto, fui correndo para casa. Ao suspeitar da minha ausência de respostas no WhatsApp, ele veio me resgatar e me encontrou desmaiado no chão da cozinha.

Certa vez, ele chegou a pedir desculpa por antecipação, mesmo sem ter feito nada de errado, mesmo sem ter discutido comigo, mesmo sem desavença.

Eu perguntei:

— Por que está se desculpando, cara pálida? Que coisa sem lógica.

Ele me respondeu:

— Preventivamente. Se um dia eu o magoar, jamais quero ficar brigado com você. Já estou me antecipando a qualquer bobagem que possa fazer mais adiante.

É o perdão mais bonito, desobrigado de um problema pontual, de uma falha. O perdão do futuro. O perdão que não é egoísta, que não pensa unicamente em si. O perdão como garantia de lealdade vitalícia.

Zé está perdoado até o fim de nossas vidas, que nunca será o fim da nossa cumplicidade.

É comum no Réveillon o congestionamento do sinal telefônico. Todo mundo inventa de ligar para alguém por chamada de vídeo e mostrar os fogos de artifício espoucando no céu (para a infelicidade da audição ultrassensível dos cachorros).

Em vez de abraçar quem está ao lado e comemorar, preocupamo-nos com os ausentes. Começamos o ano com a cabeça baixa, debruçada no celular, abstraindo perigosamente aqueles que escolheram a nossa companhia, revelando-nos mais interessados em mandar mensagens do que ser a própria mensagem viva e atenta de um momento.

Não sei onde iremos parar, mas com certeza estaremos descarregados de recordações. A memória se realiza com a presença. Sem memória, não somos capazes sequer de produzir saudade e sentir falta. As experiências vão se equivalendo no branco da tela e anulando as descobertas, os suspiros, os arrepios da pele.

Tomei uma decisão: ao me encontrar, daqui por diante, com um amigo ou familiar, porei o meu celular no bolso. Lá ele ficará até a despedida, até o tchau, até o cumprimento derradeiro.

É o único antídoto contra a amnésia coletiva e o esvaziamento dos nossos sentidos. Pois a prisão visual leva embora junto o paladar, o olfato, a audição, o toque da pele.

Tampouco deixarei o celular em cima da mesa. Ele é hipnótico. Mesmo quando ele não toca, mesmo quando ele não tem nenhuma chamada, você vai se ver obrigado a mexer nele. Ou porque espera uma resposta, ou porque está acostumado a esperar um evento extraordinário não esperando nada.

Ninguém aguenta a coceira da imobilidade. É o silvo das sereias para o fundo do oceano da indiferença.

Colocar a tela para baixo não aquietará a sua ansiedade. Já percebi que não funciona. Os dedos se movimentam sozinhos para espiar o WhatsApp, para conferir os e-mails e as redes sociais.

É o Mãozinha da Família Addams. Aquela mão decepada que rasteja buscando objetos, independentemente de um corpo.

Não menospreze o poder da influência da manada. Não tente lutar — será uma batalha em vão, cercada de exemplos que banalizam a atitude.

É só a sua companhia usar o aparelho que você se achará no direito de fazer o mesmo. E os dois estarão incomunicáveis, arremessados para suas ilhas privadas, náufragos da sensibilidade social.

Não menospreze os gatilhos do vício.

No primeiro silêncio dos outros, na primeira distração dos outros, terá um ataque de curiosidade. Você entra nele sem procurar nada em específico, e perde de vez a noção do tempo, arrastando o dedo de página em página.

Manterei o celular no bolso. Sua luz não irá me guiar. Ele termina com o andamento de qualquer conversa, quebra o ritmo de qualquer encontro. Eu estou calmo e ele me traz preocupações, eu estou esperançoso e ele me traz angústias, eu estou em paz e ele me traz conflitos.

Com o celular por perto, dou a entender que meu maior interesse está fora do lugar, escondendo-me perigosamente da pessoa à minha frente.

Quando criança, meu sonho era ser invisível. Desaparecer para mexer nas golas das pessoas, para trocar os quadros de lugar, para criar tumulto com sinais extraordinários, para ouvir as conversas proibidas a meu respeito. Ninguém mais falaria mal de mim pelas costas, estaria ali como um vento ouvinte.

Mas não queria morrer para atingir tal poder. Não teria graça não poder voltar e comemorar o feito.

O dia perfeito para a demonstração da invisibilidade era na quarta-feira, depois do almoço, porque meu pai sempre recebia o poeta Mario Quintana. Encomendava uma caixinha de quindins para homenagear o amigo. Quintana ficava na sala tomando cafezinho, fumando com seus suspiros tristes e se alegrando com os doces amarelos.

Contaria com uma testemunha de fora na hora de provar minha capacidade sobrenatural. Família não é muito confiável para comprovações científicas.

Realizei, então, uma série de experimentos com pomadas, com o objetivo de sumir magicamente.

Eu me pelei no quarto e inicialmente me besuntei de Caladryl. Porém, como resultado, me tornei ainda mais exposto, um boto rosa. Qualquer um me enxergaria a distância. Inventei de aplicar, em seguida, Hipoglós, e virei uma múmia.

Até que me lembrei de uma advertência materna: não mexer no armarinho do seu banheiro. Lá existia uma pomadinha francesa para pele.

— É o olho da cara!

Se a mãe me censurava, só podia ser boa e miraculosa. Se dizia que era o olho da cara, devia ter alguma ligação com a invisibilidade.

Busquei o produto e, sem compaixão nenhuma, apertei toda a bisnaga. Saltou a pasta transparente de modo espiralado num único jato. Não sobrou resíduo algum para contar a história.

Espalhei pela minha pele, que começou a arder. A queimação, ora bolas, significava que estava alterando as minhas moléculas e me desintegrando.

Andei pelo corredor, completamente nu, para me exibir ao pai e a Quintana e alcançar o veredito derradeiro. Dei uma volta, duas voltas de passarela ao redor da mesinha do centro e nada. Nem me olharam. Nem me viram. O olhar vazio deles me atravessava e não me encontrava.

Corri ao quarto para comemorar:

— Sou invisível! Sou invisível!

Jamais fiquei tão eufórico na vida. Celebrei o gol com soco no ar. Pena que a felicidade traz a ambição junto. Quis repetir a euforia, agora me submetendo ao teste mais difícil: o polichinelo.

Parei na frente dos dois e mexi as pernas e os braços freneticamente, igualzinho ao exercício de aquecimento nas aulas de educação física. Tudo balançava. Foi quando meu pai, sorrateiramente, puxou-me pelos cabelos e me colocou de castigo. Fiquei mesmo invisível para o futebol com os amigos, para o videogame, para o armazém, para o sorvete e para o cinema durante dois meses, proibido de sair de casa.

Recordando o fato, já adulto, guardo a convicção de que funcionou na primeira vez e o efeito passou na segunda tentativa.

Brincar de esconde-esconde me desanimava.

Nunca entendia o propósito da brincadeira.

Eu tinha que me esconder, mas não perfeitamente a ponto de não ser achado.

Eu dependia de um esconderijo mais ou menos, que não fosse fácil nem insondável. Que a pessoa não me avistasse logo, e tampouco perdesse a vontade de me localizar.

Não poderia ser atrás da porta ou das cortinas, debaixo da cama ou da mesa.

Na verdade, eu precisava ser descoberto com alguma resistência, para sair correndo da minha sombra em vantagem e ganhar a disputa batendo na árvore.

Era uma brincadeira pela metade. Uma brincadeira com alto grau de fingimento.

Lembro que, uma vez, eu tirei pastas e máquinas de escrever quebradas da prateleira de cima do armário da lavanderia, e entrei num lugar em que fiquei dobrado, imprevisível para o meu tamanho. Subi até ali com a ajuda da mesa, sem escada aparente para me denunciar.

Meus irmãos me procuraram durante vinte minutos, e não me perceberam. Mesmo porque deduziram que aquela antiga despensa se mantinha repleta de tralhas.

Sofri com o escuro, com o silêncio, com o cheiro das pedras fosforescentes de naftalina, respirando baixinho, não podendo tossir ou espirrar pela poeira proeminente do local. Aguentei de maneira espartana, comovente, como um animal em perigo.

Depois de uma hora encaixotado, não havia mais nenhuma voz da expedição no quintal. Desci de minha montanha imaginária e constatei com tristeza que tinha sido esquecido, abandonado: a brincadeira acabara e sequer fui avisado. Diante da desistência de todos, não ganhei a disputa, não terminei declarado como vencedor.

Qual a graça da minha façanha? Nenhuma.

Meus irmãos estavam de banho tomado e jantando. Ainda recebi uma reprimenda da mãe pela demora. Por pouco, não fiquei de castigo no quarto.

O esconde-esconde é uma metáfora pertinente aos joguinhos de sedução (ou seriam de dedução?) nos relacionamentos.

Somos ensinados a ocultar as nossas emoções. A não dizer que estamos apaixonados. O outro é que deve desvendar nosso refúgio, o outro é que deve partir do encalço de nossas pistas e decifrar nossos sinais falsos, o outro é que deve se mostrar incansável.

Não é recomendável responder rapidamente a mensagens, ou permitir romance na primeira noite, ou se portar com disponibilidade, ou aceitar qualquer convite.

Predomina um comportamento dissimulado, ambíguo, em que a regra é se fazer de difícil.

O risco é não ser espontâneo, não ser verdadeiro e talvez jamais ser encontrado, porque você encobriu tão bem o que sentia que ninguém ficou sabendo, muito menos a parte interessada.

Você acredita mesmo que pode desistir de um sonho?

Ele volta, sempre volta. Para o sonho, não há tempo. O tempo unicamente transcorre para o sonhador.

Ao cabo de décadas, seu sonho não terá envelhecido, só você. O sonho estará com o rosto intacto da primeira vez em que foi sonhado. Ele se mantém com a feição preservada desde que surgiu.

Se você para de sonhar, você desiste de tudo, não apenas do seu sonho.

Ele é o alicerce de sua personalidade, de sua insistência, de sua teimosia.

O sonho é necessidade mais do que opção, é dor sarada, é cicatriz da superação.

Emerge de experiências amargas, por ter sido subestimado e inferiorizado um dia. O sonho é um sim que atravessou inúmeras negativas.

Você tem um dom porque sofreu por ele, e decide exercê-lo para que ninguém mais sofra como você.

Já vi pessoas convictas de que poderiam enganar seus projetos. Trocaram de profissão, fingindo que não se importavam em fazer aquilo de que não gostavam.

O disfarce não dura muito. Após alguns anos, você vai encontrar um jeito de retomar seu sonho. Casamentos terminam quando não há espaço para seu sonho. Cidades encolhem quando não há espaço para seu sonho. Não estar com ele é o equivalente a ter todas as suas roupas numa mala. Sem cabides, sem gavetas, não existe como definir o que realmente tem disponível dentro de si.

Na minha infância, a escola avisou aos meus pais que eu não desfrutaria de condições de ler e escrever, que sofria de deficiência intelectual. Além das dificuldades de aprendizado, eu não conseguia falar direito. Acumulava graves problemas de dicção. Trocava as palavras, gaguejava, não emitia o "r", minha pronúncia saía falhada como se eu fosse um eterno bebê.

Teria motivos de sobra para me esconder numa timidez cadavérica, sombria, calando-me para evitar constrangimentos e zombaria.

Mas minha mãe me contou a história de Demóstenes (384 a.C.-322 a.C.), e seu exemplo mudou o meu ânimo.

Demóstenes era terrivelmente ridicularizado pela gagueira. Ele enfrentou o problema declamando poemas contra o forte vento na praia, a cada amanhecer. Se ele errava, corria quilômetros a fio. Aplicava o castigo físico para ensinar o seu corpo a acertar.

Quando já transpunha sua limitação, passou a colocar pedras na boca para ler diante do barulho das ondas. Ele tinha que se ouvir apesar do rugido ensurdecedor do mar.

Depois de um treinamento solitário, que consumiu a sua adolescência, Demóstenes se tornou o maior orador da Grécia.

Se hoje eu falo na rádio e na televisão, se hoje eu sou escritor, se hoje parece que nunca errei, é que eu devo tudo a Demóstenes. Assim como Demóstenes devia tudo a Calístrato, tribuno invencível que ele testemunhara quando garoto.

Somos espelhos do que escutamos na infância.

O que eu descobri: as adversidades são enviadas pelo próprio sonho com o propósito de que nos preparemos para cumpri-lo. Por isso que alguns sonhos demoram a acontecer. Acontecem quando estamos prontos para eles.

Nós até podemos desistir de nossos sonhos, mas nossos sonhos jamais desistem de nós.

Meus irmãos e eu jogávamos futebol na rua, tendo como goleiras as garagens da nossa casa e da casa do vizinho no lado oposto. Só parávamos a partida quando passava um carro. A pacatez dominava a rua Lageado, no bairro Petrópolis. Empregávamos a frente da nossa residência como extensão do pátio.

Vivíamos a véspera do Natal de 1980, de férias da escola, devidamente aprovados para a série seguinte, sem o fantasma da recuperação que invadia o fim de dezembro.

Foi em uma dessas peladas que não medi a força do chute, querendo evitar o gol de qualquer jeito, e lancei a bola para os ares, em direção à janela do segundo andar do edifício da esquina. Aos oito anos, nem sabia que tinha tanta força e potência no pé. A princípio, fiquei maravilhado, em seguida, apavorado. A vidraça se estilhaçou como uma bomba. Saímos correndo, mas não adiantou. Testemunhas viram quem eram os responsáveis. A delação corria rapidamente no bairro.

Ficamos de castigo. A mãe teve que arcar com o prejuízo. Não conseguimos sequer pedir a bola de volta. Não havia clima para exigir nada.

Os presentes natalinos estavam suspensos. Na época, não acreditávamos mais em Papai Noel, apenas no salário da mãe que nos criava.

Foi então que eu ouvi a melhor invertida da minha vida.

Rodrigo, o mais velho entre nós, na escadinha de dois a dois anos entre os três guris, pediu a palavra.

— Mãe, você tem razão, não merecemos ganhar os presentes, mas há uma injustiça aí: você merece dar. Você se sacrificou para comprar os presentes.

Ele salvou a nossa árvore. A família não resistiu à sua filosofada e o aplaudiu fervorosamente. Não era para menos, com tal raciocínio perspicaz, que ele se tornaria promotor de Justiça quando adulto.

A mãe não podia ser castigada e ver a sua festa frustrada — ela não havia cometido nenhum erro. Fazia muito sentido.

Acabou sendo a melhor celebração natalina da minha infância, já que não esperávamos mais que fosse acontecer. Existia uma generosidade da culpa redimida.

Guardo em mim essa regra de ouro: somos cordiais porque merecemos ser cordiais, independentemente do outro. A cordialidade não é reativa. Não depende das vésperas nem das consequências.

São Paulo já alertava: "Sejamos cordiais sem saber a quem. Talvez estejamos recebendo anjos."

O anjo de braços abertos, pregado na nossa porta, agradeceu.

E, curiosamente, recebemos de presente uma outra bola. Para o terrível azar do vizinho.

Você só depende de uma caixinha de sapatos para renascer, para voltar a firmar os pés no chão.

Quando você estiver triste ou desmotivado, sem sentido algum na vida, cansado do trabalho, estressado no relacionamento, com a fé já sem elástico, vá atrás da caixinha de papelão escondida no alto dos armários, onde você guarda medalhas da juventude, fotos, agendas, correspondências, cartões-postais e DVDs de suas apresentações escolares.

Visitará cenas de sua trajetória contidas num pequeno esconderijo, em cofre absolutamente frágil. Ninguém dará nada por aquilo, parece tão pouco, mas ali você preservou a sua essência.

Separamos os nossos objetos do passado em um cantinho, para seguir em frente, para olhar para a frente. Sempre que somos pressionados pelas dúvidas de nossos caminhos, é a hora de voltar a eles, para redimensionar a nossa liberdade e a evolução de nossas escolhas.

Você não jogou fora os documentos por um propósito, para que chegasse esse momento de reabastecimento interior, para que pudesse se motivar recobrando quem você é.

Ao levantar a tampa de papel, erguerá a sua cabeça outra vez, lembrará o quanto já foi amado, festejado, desejado. Vai rir de suas danças em família, de suas coreografias dentro de casa. Na época, pedia para não ser filmado pelo pai ou pela mãe; hoje estranhamente percebe que corre nas veias um fio de gratidão por terem deixado registros de sua infância.

Haverá agendas e diários com letras de músicas traduzidas, fotos de bandas de que gostava, ingressos colados de shows, viagens marcantes, corações flechados com nomes de colegas, desenhos góticos.

Puxará do fundo do recipiente um envelope perfumado, escrito por quem namorava na adolescência.

Você jurava que morreria com o fim do relacionamento, que nunca amaria de novo. E sobreviveu, e recuperou a autoestima, e amou em tantas e tantas oportunidades.

Achamos que não vamos aguentar, e aguentamos.

É bom testemunhar as nossas promessas de desespero sendo quebradas, os nossos gostos se transformando, as circunstâncias negativas se moldando para as responsabilidades.

Se você perdeu a confiança, é que simplesmente está com saudade de si. Reparamos com facilidade quando sentimos saudade dos outros, e tão pouco prestamos atenção quando sentimos saudade de nós mesmos.

Releia as suas experiências e veja o quanto mudou ao longo do tempo, o quanto cresceu, o quanto jamais se entregou para as adversidades. Nenhum sofrimento é definitivo.

Basta uma caixinha de sapatos para calçarmos a esperança.

Houve um tempo em que se usava lista telefônica. Aguardava-se com ansiedade a entrega do livrão com os sobrenomes dos donos das linhas telefônicas da cidade, no início de março.

Não me esqueço do cenário de casa: a mesinha do corredor, coberta com uma toalha de crochê, o telefone monocromático por cima e a lista ao lado para consultas.

Você procurava um amigo pelo sobrenome. Ou um serviço. Na ausência do Google, era a nossa bíblia de localização.

O calhamaço estava dividido entre as páginas cinza (seção residencial) e as amarelas (seção comercial). Não importava que a letra fosse de formiga, imperceptível, dependendo do corrimão do indicador. Quem ali constava desfrutava de respeito, de valor. Ter o nome na lista telefônica era a prova incontestável de que havia ingressado na sociedade.

Sem redes sociais, sem celular, o adolescente caçava o contato de quem amava na escola por ali, pelo lado paterno ou materno.

Parentes do interior nos encontravam pelo guia, em especial se vinham de ônibus, desprovidos de nosso endereço.

Não jogávamos fora os anuários anteriores. Formavam-se pilhas deles na área de serviço, para alguma expedição por um paradeiro antigo. Preservava-se o museu de dígitos.

Eu tive algumas emancipações na vida. Uma delas foi quando assinei o jornal e passei a contar com meu cartão de assinante para descontos. Outra foi quando surgiu o "Nejar, Fabrício" na lista telefônica. Aconteceu no último ano do serviço da Companhia Riograndense de Telecomunicações (CRT), mas provei o gostinho derradeiro da aparição pública.

Recordo que vibrei com a estreia. Eu me senti importante, adulto, responsável. Deve ter crescido bigode no meu rosto naquele dia.

Representava mais uma etapa de destaque no cabeçalho da existência. Assim como o nome na certidão de nascimento, na toalhinha do jardim da infância, na lista de chamada, no boletim escolar, na carteira de identidade, na lista dos aprovados do vestibular, no primeiro livro, no convite de casamento, na conta de luz, no registro da casa própria.

Poderiam me fazer trote que eu atenderia feliz. Poderia ser um engano que eu puxaria assunto. Havia vinte e um "Nejar" na publicação, e eu era um deles.

Fui dividir a notícia da conquista da celebridade com o meu irmão Rodrigo.

Apresentei o pontinho onde eu me encontrava:

— Olhe aqui, estou famoso.

Mas ele foi irônico comigo.

— Agora você está igual a todos, normalzinho. Gente comum tem seu nome na lista telefônica, gente famosa tira.

Metade de mim é analógica.

Adoro ligar, falar ao telefone. Mas sou cada vez mais sozinho em minha preferência.

Ninguém atende de primeira a uma ligação minha. Com exceção de Beatriz.

Por isso, estamos casados. Somos fifi.

É muito raro ela me deixar esperando até o terceiro toque. Eu também não faço desfeita. Se não posso atender no momento, mesmo assim atendo para dizer que retorno em breve.

Costumamos trocar mais de dez telefonemas diários. Jamais contei quantos são, não me incomodam — você somente enumera cobranças ou críticas.

Para falar ao telefone com filhos, preciso enviar mensagens por escrito para pedir que me atendam. Na maioria das situações, eles me frustram propondo que eu grave um áudio, o que estraga qualquer intimidade ou vontade de dialogar. Pois quero essencialmente ouvir como estão.

Cansei de fazer chantagem, birra, para obter atenção deles. Percebi que as minhas solicitações para conversar eram maiores do que nossas conversas. Já tinham virado discussões de relacionamento. Deve se tratar de um conflito geracional.

Eu me vingo com os amigos. Como represália pela extinção do meu modo de ser, o plano que mais gosto de executar é ver que a pessoa está mandando um áudio longo, esperar finalizar seu carregamento e telefonar em seguida, obrigando-a a falar tudo de novo, exatamente o conteúdo do áudio. Tenho indescritível prazer em obrigá-la a repetir.

Isso que dá ter preguiça de me telefonar. Estabeleço um pedágio, um carma com cada um dos meus afetos, por me sentir excluído nos meios digitais.

Tampouco entendo quem me manda mensagens e tem urgência de alguma posição de minha parte. Reclama que não visualizei a mensagem. Ora bolas, se tem urgência, ligue. Mensagens são destinadas a ser lidas sem pressa, de acordo com a disponibilidade do outro. O retorno é facultativo.

Sou da turma que rasga os sacos de frutas do supermercado em vez de tentar tirar o nó. Não tenho paciência para os laços ninjas dos atendentes, inclusive porque não vou guardar os plásticos.

Da mesma forma, eu me filio à escola da intensidade da comunicação. Ou eu digito, ou eu telefono. Ou entrego a emoção de minha escrita, ou a do fluxo de minha entonação. São as duas modalidades de expressão da minha espontaneidade.

Áudio só no meu desespero. Se você recebeu minha voz, pode ter certeza de que não me encontrava no meu melhor dia.

E, se o áudio tem mais de um minuto, não sou eu. Não mando podcasts. Assisto a monólogos exclusivamente no teatro.

Fui criado pelos meus irmãos. Quem trocou as minhas fraldas foram os meus manos mais velhos, Carla e Rodrigo. Da mesma forma, eu troquei as do Miguel, o caçula.

Engatinhávamos juntos, caminhávamos juntos, esquentávamos as mamadeiras no fogão dentro de uma caneca com água, fazíamos o almoço.

Não havia mordomia. Como vivíamos um tempo de recessão com o divórcio dos pais, não contávamos com babá.

A mãe saía de casa para trabalhar durante o dia e ficávamos sozinhos. E não existia solidão antes dos dezoito anos.

Desde pequenos, recebíamos a responsabilidade da própria guarda e nos revezávamos no controle de onde cada um se encontrava.

Cumpríamos missões domésticas. Varríamos os aposentos, lavávamos a louça, aguávamos as plantas, arrumávamos as camas, colocávamos a roupa para lavar. Ninguém se sentia explorado.

Antes de se despedir, mamãe não cansava de repetir: "não abram a porta para estranhos." Uma máxima matinal de que ainda recordo a ênfase séria, sem brincadeiras, sem piadas.

Fechávamos a tranca de baixo e superávamos a saudade da rua brincando no pátio.

Realmente não abríamos a porta.

Se escutássemos palmas na frente do portão — naquela época, as residências eram aplaudidas, pouco se usava a campainha por medo dos cachorros soltos —, espiávamos o vulto pela janela e gritávamos para voltar mais tarde.

Podia ser um entregador, um carteiro, um pedinte de pão velho, um vendedor de enciclopédia, um vizinho, um religioso salvador de almas, um feirante, não dávamos concessão ou privilégio.

Desaparecíamos no silêncio da obrigação.

Miguel acabava tendo a reação mais engraçada e mais pura entre nós. Em vez de dizer "volte mais tarde", falava "não tem ninguém em casa".

Troçávamos dele:

— Você é ninguém?

Ele não gostava nem um pouco da piada.

É estranho pensar que hoje os adolescentes são absolutamente dependentes. Raros cozinham (e miojo não conta!). Raros realizam atividades caseiras. Raros empunham, de modo voluntário, o rodo e o balde para uma faxina. Alguns se mostram até constrangidos na hora de quebrar um ovo — conhecem unicamente o micro-ondas.

Muito além de uma visão elitista, o que incomoda é a superproteção em todos os segmentos sociais. Os pais compensam a falta de tempo com um excessivo e perigoso zelo. Não querem que seus filhos tenham nenhum trabalho, e esvaziam as possibilidades futuras de sua autonomia.

Se a preguiça substitui a disciplina, depois, quando virarem adultos, eles se encontrarão despreparados para a vida. Nem saberão onde fica o disjuntor de luz.

Será que subestimamos os nossos jovens? Será que perdemos o poder de uma família unida?

Na minha infância, temiam-se a caderneta de fiado do armazém e as contas do telefone fixo, da água e da luz. Era o equivalente ao pânico de hoje no momento de receber a fatura do cartão de crédito.

Havia a data fatídica no início do mês, em que todos os excessos seriam descobertos.

Os pais mudavam o seu comportamento. Passavam a se mostrar nervosos, aflitos, ansiosos, rabugentos.

Certo dia, a chegada dos boletos pesou na minha consciência.

Não conseguia ler no quarto. Dormia com os dois irmãos nos beliches. Eles brigavam comigo quando acendia a luz do abajur.

Para evitar a frequente confusão, e não sofrer com o calor e a invasão de mosquitos da sala, tive a ideia maravilhosa de ler diante da geladeira aberta.

Numa residência que somente contava com pequenos ventiladores, era um luxo. A geladeira redonda e branca, de sobrenome estrangeiro pomposo, Steigleder, servia de luminária e ar-condicionado, o melhor dos dois mundos. Eu me sentava sobre uma almofada no chão e folheava tranquilamente meus livros durante uma ou duas horas, esperando a dormência.

Alguns autores lidos quase morriam de hipotermia, não eu, nada que eu não resolvesse com minha cobertinha.

Lembro-me vividamente do cheiro da comida nas prateleiras de metal, do odor forte do queijo e do salame. Rezava para que não tivesse nenhum alimento vencido e podre capaz de estragar o meu passatempo.

Tudo transcorreu perfeitamente por um mês. Até vir a conta astronômica da energia elétrica.

Eu ouvi a minha mãe brigando ao telefone com funcionário da CEEE, alegando que o valor era um roubo, que houve erro na medição, que o salto vertiginoso dos números não se justificava de um mês para o outro, já que não tinha ocorrido nada de diferente na nossa rotina.

Depois, eu ouvi a minha mãe discutindo com o meu pai, ambos se culpando pelo desperdício. Trancados no escritório, eles colocavam o disco de Maria Bethânia no máximo volume na vitrola para disfarçar e sufocar os berros.

Em seguida, eu vi a minha mãe controlando o tempo da nossa chuveirada, patrulhando as luzes acesas sem ninguém no aposento, xingando qualquer abuso de nossa parte.

Foi um inferno na época, um curto-circuito mental em todos à minha volta. Desestabilizei a família com as minhas leituras.

Nunca disse que fui eu. Permaneci neutro como as verduras na gaveta de baixo da geladeira. Imaginava que o castigo seria implacável. Mas, pensando bem, deveria ter confessado. No máximo, eu ficaria trancado no quarto lendo à vontade, sem a importunação dos meus irmãos.

Eu usei abrigo a minha infância inteira.

Ou abrigo escolar, azul, com as tiras brancas na lateral da calça, ou abrigo esportivo, com o moletom completando a aparência monocromática.

Era uma roupa coletiva, que indicava que eu pertencia a um grupo social. Ou me tornava parecido com os meus colegas, ou parecido com os meus irmãos. Não me desvencilhava em nenhum momento dos círculos gregários da família e da escola.

O abrigo gerava constrangimentos como uma segunda pele, com aquele pano muito colado em minha carne. Desencorajava pensamentos impróprios. Funcionava como um detector de desejos na puberdade.

Lembrava um cinto da castidade recomendado pelo Vaticano. Todos descobriam as minhas fantasias a olho nu. A transparência incomodava, a vulnerabilidade atrapalhava.

A facilidade que qualquer colega tinha de baixar a minha calça em público, para me zombar, terminava me atordoando, pondo-me em pânico, ainda mais porque eu era tímido. Não existia como me distrair. Mergulhava num estado de permanente fiscalização de quem estava ao meu lado.

O bullying não dava trégua. A escola não inspirava segurança. Todo trapaceiro na turma desfrutava da chance de rir de mim e mostrar o estado de minha cueca para as meninas.

Espécie de avental gigante, o abrigo tampouco permitia combinação de cor. Surgia único, sem mediação de complemento.

Afora o vexame das manchas de pasta de dente, que surgiam habitualmente pela pressa na hora de me aprontar e desenhavam círculos borrados no meu peito, verdadeiros alvos para o aviãozinho de papel.

Vivia sob a ditadura do conjuntinho básico. Não havia o cinto para confirmar o crescimento da cintura pelo número de furos.

Vestia um saco para acordar, assim como o pijama representava um saco para dormir.

Não restava espaço para estabelecer a minha singularidade, demonstrar o meu temperamento e elevar o ânimo trocando de figurino.

Tenho certeza de que abandonei a infância e nasci para a individualidade quando ganhei a minha primeira calça jeans, aos treze anos. Era uma nova forma de enxergar o corpo — juro que a impressão foi que eu degustava a liberdade pela primeira vez na vida.

O tecido me deixava à vontade, modelava as pernas, fazia volume. Não me escancarava como o abrigo. Mudei até a minha atitude para as fotos, não mais me escondendo no fundo, atrás das cabeças dos outros.

O jeans criou o meu guarda-roupa, as possibilidades, as misturas, a hesitação do que colocar, o olhar mais demorado no espelho, o enamoramento do tempo. Veio a vaidade, veio o casaco de couro, veio o capricho com as camisas, veio o cuidado com os acessórios.

Foi quando finalmente troquei as gavetas pelos cabides, quando desafiei o certo pelo duvidoso, quando passei a abusar da criatividade.

O jeans desencadeou o anseio de comprar as próprias roupas, de frequentar as lojas sozinho, de conhecer o recato das cortinas dos provadores, de economizar a mesada para me arrumar melhor.

Despertou em mim a ambição de ter uma personalidade diferente da dos demais e de assumir a responsabilidade pelos meus caminhos, tortuosos ou elogiáveis, cafonas ou elegantes.

Consagrou a minha identidade. Eu estava pronto, enfim, para me perder no mundo com as minhas decisões.

Na minha época de formação, no fim dos anos 1970 e início dos 1980, existiam três turmas: a daqueles que usavam o Kichute, a dos adeptos do Conga e a dos aficionados do Bamba.

Todos feitos de lona, inteiramente fechados, excessivamente transpirantes. Não havia como não acabar com chulé, não havia furinhos no tecido para arejar o suor.

Vinha a ser um pesadelo dormir com o par debaixo da cama, cheirava a bicho morto.

Não adiantava que as sacras mães o lavassem semanalmente no tanque com sabão de coco, jamais ressuscitavam o perfume de brim original da fábrica.

Os três tampouco contavam com amortecedores. Você pulava e sentia o joelho estalar.

O Conga era o povão, a base da pirâmide. Resumia-se a um tênis esportivo, simples, acessível. As crianças que recorriam a ele não apresentavam condições financeiras privilegiadas.

Não deixava de ser uma maneira disfarçada de andar descalço.

O solado se caracterizava por ser fininho, sem aderência. Fazia qualquer um deslizar no chão molhado, patinar nas calçadas. No inverno, com as lajes sebosas do orvalho e das folhas caídas, equilibrar-se representava uma proeza.

Devido à sua superfície quase inexistente para proteger a planta dos pés, havia a lenda de que, ao pisar numa moeda, você descobriria se estava virada na cara ou na coroa.

Já o Kichute, um pouco mais caro do que o Conga, popularizou-se por imitar as travas de uma chuteira. Com a sua natureza dois em um, vendeu nove milhões de pares entre 1978 e 1985.

A gurizada que sonhava em ser jogador de futebol já acordava fardada para entrar em campo.

Com o intuito de aumentar a segurança da passada, amarravam-se os cadarços nas canelas.

Kichute não combinava com nenhuma roupa, só com Kichute.

Seu maior problema consistia no rápido desgaste dos seus cravos de borracha, na erosão de suas garras, o que gerava desnível nos passos. Com o tempo, o andar mancava, pesando para um lado.

Era bem possível ter um Kichute para aula e um Conga para passeio, situação ideal para não concentrar os danos num único calçado e não surgir estropiado nas festividades familiares.

Ambos constavam como itens obrigatórios no material escolar para as aulas de educação física.

O Bamba, por sua vez, lembrava um All Star de cano baixo. Simbolizava o topo da pirâmide, destinando-se à elite escolar. Você pisava nas nuvens com ele, arrebatava as alturas da influência popular, destacava-se nas excursões e se sobressaía nas coreografias de Thriller, de Michael Jackson, nas reuniões dançantes.

Oferecido no clássico branco, costumava ser cobiçado por permitir o "batismo", aquela pisadinha de leve para estrear o calçado.

Esse gesto de interação, de orgulho de tênis novo, não tinha como ser praticado com o Kichute, de cor preta, ou com o Conga no tradicional azul-marinho.

Eu fui da patota do Kichute. Ele morria em mim sem nunca ter sido batizado.

Quem já me viu jogando futebol — sim, eu jogo bem, apesar da minha postura inofensiva e cômica de gafanhoto — sabe que evito cair. Não tombo com facilidade. Não rolo no chão. Posso levar peteleco no calcanhar, carrinho, trombada, voadora, e faço de tudo para me manter de pé. Cambaleio, porém não me entrego. Tento me segurar em corrimões imaginários ou nas costas dos meus adversários.

Eu mesmo me driblo, se for o caso. Prefiro seguir adiante a cavar uma falta ou um pênalti e parar o jogo.

Minha resiliência partiu de um trauma, que me condicionou a jamais beijar o gramado na boca.

A quadra da escola em que estudei no ensino fundamental — Escola Municipal Imperatriz Leopoldina, no bairro Petrópolis — era simplesmente de piche e brita.

Uma BR seria mais convidativa. Uma pista de aeroporto seria mais confortável.

As pedras saltavam do solo escuro, pequenas lâminas e facas refletindo o sol.

Cair ali somente em último caso. Não fingia, não me dava ao luxo de fazer cera.

Tonteava, me desequilibrava, e permanecia ereto, de queixo erguido, aos trancos e barrancos.

Tinha que sobreviver. Tinha noção do quanto custaria cada queda. Ficaria absolutamente esfolado, como presunto fatiado em guilhotina de açougue.

Você não se machucava, você se acidentava. Tão grave quanto cair de uma moto.

As feridas terminavam absolutamente infeccionadas com o betume.

Havia a necessidade de limpar a pele com água oxigenada — e como ardia — e depois pincelar camadas de mercúrio-cromo — e como ardia.

As sequelas continuavam doendo na hora de tomar o banho e de dormir.

Minha habilidade com a bola foi forjada para evitar aquela sensação da calça colando no corpo.

Nenhum band-aid era capaz de cobrir os ferimentos. Ao me machucar, sofria para colocar ou tirar a roupa.

Isso quando o abrigo não rasgava por inteiro e vinha o suplício. Pois meus irmãos e eu contávamos com um par de abrigos para o ano, e os pais não compravam outro.

Se estragávamos um deles em nossas peladas indevidas durante o recreio, a família mandava para a costureira com o propósito cafona de colocar remendo de couro.

Lembro que uma vez rasguei os fundilhos da calça descendo um barranco e, para minha surpresa, recebi de volta a peça com um remendo de couro no traseiro.

Eu entrava na escola já com uma sela embutida em mim. Diante da piada pronta, precisava ser, pelo menos, rápido como um cavalo nas notas, e nunca lento como um burro.

Há cenas que jamais vão se repetir. Quem viveu, viveu.

Quando partia para a escola, levantava os pés por onde passava.

As ruas, escadarias e a frente dos comércios eram lavadas pelos vizinhos com mangueira. Predominava uma coreografia coletiva de remadores das lajes. Cada um dava conta da sua porção de universo, do seu quadrado residencial. Movimentavam-se alinhados, devotos na tarefa de expiar os pecados dos pedestres antes do almoço.

Todo mundo limpava as calçadas de manhã cedo. Lavava-se a vida no primeiro gesto do dia.

Recordo com nitidez o barulho, a vitrola do esfregão: tchum-tchum-tchum.

Eu tinha que cuidar para não escorregar, não deslizar, não cair e sujar o uniforme escolar. Ainda mais calçando a sola fina do tênis da época. Exigia malabarismo percorrer os cinco quarteirões da casa à escola e escapar dos esguichos distraídos.

O piso escorregadio de alvejante, de sabão, poderia produzir tombos e vexames diante dos colegas em procissão. Enfrentava grandes riscos de me tornar motivo de gargalhada por alguns meses.

As entradas das casas transformavam-se em saboneteiras. Havia poças espumosas e passarinhos estourando bolhas de sabão.

Amanhecia com o vapor subindo do chão, o perfume renovado das pedras e dos paralelepípedos.

Entre 7h e 9h, os moradores empunhavam o rodo e recolhiam a sujeira em busca do brilho, obcecados em repor o cinza do asseio do concreto.

A correnteza seguia pelo meio-fio para ser engolida pela boca de lobo.

Desapareciam pouco a pouco as freadas das bicicletas, as marcas duplas do rolimã, o jogo da amarelinha, nossas brincadeiras do ontem.

Era uma dinâmica que jamais vai se repetir hoje, devido ao controle geral contra o desperdício de água.

Se eu começava o dia com o bairro molhado, eu terminava o dia testemunhando o fogo.

No fim da tarde, as mesmas pessoas regressavam ao batente doméstico. Abandonavam o observatório de suas varandas outra vez para varrer as calçadas, agora sem água, num arremate da faxina.

Juntavam as folhas em montinhos nas esquinas e ateavam fogo. Parte do lixo seco era incinerada.

Trilhas de fumaça invadiam o céu, fatiavam o horizonte.

Tanto que, até hoje, o pôr do sol para mim tem cheiro de queimado.

Mais um capítulo que jamais será reiterado na minha existência, em função do perigo atual de a chama se alastrar com as altas temperaturas do verão.

Vejo que envelheci pelas recordações que nunca voltarão a acontecer.

A infância, para ser antiga mesmo, precisa de lembranças extintas.

Nunca peço nada emprestado, não sou bom de devolver pertences. Apresento o dom de procrastinar prazos. Eu me sinto eterno e me aposso indevidamente do que não é meu.

Se estou com algum casaco de um irmão ou algum LP retrô de um amigo, venham buscar em minha casa. Só devolvo com oficial de Justiça batendo na porta. Não me lembro de jeito nenhum. O ressarcimento deve acontecer vasculhando-se o local.

A origem do defeito reside na escola. Eu sempre me dava mal na devolução de livros à biblioteca. Não conferia aquela ficha ao final de cada volume com a data do retorno e a minha assinatura.

Eu simplesmente me esquecia do vencimento. Colocava o livro na cabeceira da cama e já o considerava parte natural da minha vida.

Quando eu o tirava da estante e me dirigia ao balcão para os encaminhamentos formais com a bibliotecária, sete dias pareciam suficientes para terminar a leitura. Tão suficientes que eu nunca iniciava a leitura.

Era o rei das multas na escola. Vivia negociando um desconto. Pelo menos, ajudei a custear a ampliação do acervo. No fim do ensino médio, cheguei ao constrangimento de ver a minha formatura suspensa caso não devolvesse uma obra. Não tinha noção de onde estava. Até perceber que emprestara a um vizinho. Ou seja, alcancei a proeza de sublocar uma propriedade literária.

Depois, na adolescência, a minha inadimplência migrou para o aluguel de fitas de vídeo. Eu não resistia às promoções nos cartazes coloridos da vitrine: "leve três fitas, não pague a quarta" ou "leve cinco fitas e devolva em uma semana". Saía da loja cheio de sacolas brancas, com um orgulho nerd de rato de locadora.

Para o azar dos pais, tornei-me o cliente mais fiel e menos leal.

Facilmente seduzido pelos saldos, sem pensar direito, não consultava o meu tempo disponível. Não contava com duas horas por dia para consumir a montanha de caixinhas. Permanecia com um ou dois títulos virgens dos meus olhos e não me recordava de levá-los no momento de ir à faculdade. Já acumulei um mês de dívidas de diárias em atraso. Quase me encontrei a ponto de assumir o vício e frequentar as sessões dos "Locadores Anônimos".

O pior desse período era a obrigação de rebobinar as fitas VHS. Jamais rebobinava, eita trabalheira e barulho desnecessários no videocassete.

Agora, com streaming, jurei que estava livre das pendências. Que nada, tudo continuou igual, apesar das novas tecnologias e da evolução dos hábitos. Ou então eu continuei igual, com a mesma essência distraída e perdulária.

Nos cardápios dos canais fechados, você tem 24h para acabar um filme. Você acha que eu consigo? Óbvio que não. A diferença é que não há multas e que finjo ter assistido.

Quando adolescente, eu sempre andava com uma caneta Bic no bolso da camisa. Não era para escrever, mas para desenrolar a fita cassete.

Não havia CDs, streaming, aplicativos, celular. O único jeito de montar trilhas sonoras consistia em gravar a programação das rádios.

Custava muito esforço. Significava passar madrugadas inteiras para localizar as músicas favoritas em tempo real.

Fazia-se plantão na frente do aparelho de som 3 em 1 (rádio, toca-discos e toca-fitas).

Turbinados por xícaras de café ou pelo pó do guaraná cerebral, esperávamos a família sair de cena para a montagem a sós, na nossa precária ilha de edição.

A tarefa exigia concentração absoluta. A habilidade estava em apertar e soltar rapidamente os botões REC e PLAY, eliminar os comerciais e organizar uma coletânea parecida com a continuidade das faixas de um LP.

A voz emocionada e gritada do locutor e a vinheta complicavam o trabalho. Apareciam do nada para identificar a estação. Já no finalzinho da canção, despontava o anúncio. A propaganda inusitada no meio do refrão arruinava o corte.

Tínhamos que esperar o hit tocar de novo, o que talvez só acontecesse na próxima noite.

Na época, não nos declarávamos com flores e cartão, caixa de bombons e ursinho de pelúcia. Preparávamos uma fita cassete para quem amávamos, gastando horas a fio de artesanato para formar uma coletânea de *love songs*.

Colocávamos apenas um breve lembrete, um comando emocional, no adesivo da frente e do verso: "para ouvir sem ninguém por perto", ou "para pensar em nossos momentos juntos", ou "escute antes de dormir".

Nossas cartas de amor eram K7, trinta minutos de cada lado. Nossas cartas eram musicadas.

As baladas traduziam as nossas emoções mais secretas. As letras demonstravam o que não conseguíamos falar cara a cara.

Não se ousava dizer "eu te amo" na lata, por medo de levar um fora ou ser debochado pela turma de amigos.

O que dizíamos para quem gostávamos: "Fiz uma fita para você."

Largávamos a caixinha nas mãos da pessoa e não olhávamos para trás. Soltávamos a confissão por indiretas e depois dissimulávamos em sala de aula. O destino é que decidia se iria rolar romance. Dependíamos da sorte de ela ouvir tudo, de curtir as mesmas canções, de se sentir contemplada pela escolha, de ter uma atração escondida na timidez.

Haveria relacionamento se recebêssemos uma resposta com outra fita cassete na semana seguinte, ampliando o repertório das declarações românticas.

Todo amor, naquele tempo, já começava com trilha sonora para a vida inteira.

O que tínhamos que fazer para bloquear um contato antes do WhatsApp e das redes sociais, antes do celular e do e-mail?

Como demonstrávamos o nosso descontentamento com uma atitude, como rompíamos a amizade ou dávamos um tempo para o relacionamento?

Alguém se lembra dos macetes dos anos 1980?

Muito além de um simples e preguiçoso clique, dependíamos de esforço psicológico, disciplina de incomunicabilidade e trabalho de despiste.

Talvez soe ridículo, ingênuo, pueril atualmente. Ninguém mais usa tais recursos anacrônicos. As gerações que nasceram com os aplicativos nos dedos são capazes de não acreditar.

Desenvolvíamos uma sucessão de quadros e esquetes, tal novelinha. O bloqueio pré-histórico era parcelado, não fulminante e à vista como hoje.

O primeiro movimento consistia em abandonar a pessoa falando sozinha. Fosse num bar ou restaurante, fosse em casa. Você saía de repente devido a uma grosseria. Batia a porta com força para a chave cair ou balançar na fechadura. E corria desesperadamente para não ser alcançado, num assalto emocional.

O vácuo representava o ponto alto da discórdia: não poderia ser pego no meio da cena e da perseguição. Isso estragaria o suspense da birra. Não poderia confessar o que estava pensando ou explicar o que aconteceu. Mantinha como propósito gerar culpa, o máximo de arrependimento na outra parte.

Se possível, você arrancava o carro queimando os pneus, para conferir à história uma ideia de viagem sem destino. Sua vítima teria que acreditar que você iria embora para sempre, pegaria a BR-116 rumo ao desconhecido. Na verdade, você estaria cumprindo voltas na quadra ou aparecendo na casa da mãe para dormir no sofá.

A segunda rodada do bloqueio se estabelecia na manhã seguinte, quando o seu desafeto momentâneo tentava localizá-lo em algum telefone fixo. Costumava ligar para o serviço.

Você atendia, escutava a voz familiar e batia o telefone na cara. Não oferecia chance de conversa. Ele insistia uma, duas, três vezes, até que a ligação migrava para ramais vizinhos e um colega, totalmente inocente no caso, passava o gancho para você atender na mesa dele.

Nesse momento, em ambiente alheio, você sussurrava de modo que ninguém da sua repartição ouvisse nem fofocasse:

— Não me procure mais!

Jamais as reconciliações ocorriam em vinte e quatro horas. Levavam semanas de blefe. As pazes vinham apenas com o encontro presencial, quando você ficava cansado de fugir e já facilitava ser achado. Pedia para os amigos avisarem do seu paradeiro. Não via a hora de relaxar e retomar a vida.

Você mostra que ama alguém quando oferece o que tem de mais precioso para acalmar o desamparo, o sofrimento, a dor do outro.

Escolhe uma de suas paixões para combater a desvalia alheia. O afeto torna-se mais importante do que as posses.

Pertences passam, suas pessoas prediletas ficam.

Cifras perdem o sentido perto do socorro a uma desilusão.

Não chamaria de sacrifício, e sim de tomada de consciência do patrimônio da intimidade.

Você está tão angustiado para ajudar que cria estranhas compensações, inventa saídas emocionais. As crianças são craques em soluções caseiras.

De passatempo, eu cultivava uma coleção de selos. Não era a mais completa, a mais cara, a mais profissional como a do meu irmão Rodrigo, dois anos mais velho do que eu. Mas estava começando de modo promissor: eu comprava cartelas nas bancas da Rodoviária de Porto Alegre com os trocos que economizava lustrando os sapatos da família. Já acumulava centenas de selos, alguns de graça, retirados das correspondências recebidas pelo meu pai.

Minha irmã Carla, por sua vez, colecionava papel de carta havia vários anos.

As folhas ostentavam um perfume doce, inebriante, com estampas de corações, flores, frutas (moranguinho, pessseguinho, maçãzinha).

O conjunto representava um pomar, uma floresta crescendo vertiginosamente nas gavetas de sua cômoda.

Ela possuía uma papelaria invejável, com gramaturas e cores diversas, e cheiros de xampu e chiclete para abençoar as mãos.

Perseguia novos produtos nas livrarias, mais obcecada em atualizar seu catálogo do que Rodrigo e eu com a nossa filatelia.

Ao completar um mês de namoro com um colega da oitava série, amargou um ponto final no seu amor.

Num acesso de fúria, jogou todas as suas cartas fora.

Encontrei, por acaso, no lixo do escritório, suas peças raras e cheias de detalhes, salpicadas de Snoopy, Hello Kitty e Ursinhos Carinhosos.

Ele chorava pelo fim do relacionamento, com a porta fechada do quarto.

Sentia-se ingênua, boba, facilmente enganada, devastada pelo término do seu primeiro romance.

O descarte foi uma maneira simbólica de sair da infância.

Eu bati em sua porta, e apenas ouvi um grito:

— Me deixe em paz!

Enfiei pelo vão da porta as suas cartas devidamente alisadas e restauradas com o ferro de passar.

Coloquei a minha coleção dentro delas.

Esperei até Carla vir falar comigo. Aconteceu no dia seguinte.

Ela perguntou por que eu tinha feito aquilo. Eu respondi:

— Agora você tem selos para mandar suas cartas a quem precisa ler umas boas verdades.

No meu tempo de escola, redação era composição.

O nome bem mais bonito trazia um cativante mistério. Eu me sentia um músico dos vocábulos.

Na primeira série, acreditava que papel almaço correspondia a papel "amasso". Eu me confundia na pronúncia. Demorei a ver a palavra escrita na etiqueta da tabacaria. Fui analfabeto com a sua grafia até a terceira série.

Não dissertávamos de letra livre. Todos escreviam emendado.

Papel solteiro não tinha vez em cima da classe. As folhas de almaço vinham em duplas, casadas, sem a comodidade do caderno espiral para arrancar uma delas e recomeçar a jornada.

Não existia chance de rascunho, privilegiando-se a dobradinha entre lápis e borracha. Depois, passávamos a limpo o texto com caneta.

Não se podia dispersar a caligrafia para fora das linhas. Uma das regras sagradas consistia em respeitar as cercas de cima e de baixo. Já sofria de nervosismo ao imaginar a professora debruçada de lupa sobre a minha frase, para ver se restava um vazio arquitetônico entre os andares.

Testávamos a pontaria da letra. Mirávamos o alvo da ortografia. Empregávamos um caderno de caligrafia à parte para exaustivos treinos. Ocupávamos uma das linhas com maiúscula e a outra com minúscula, de modo alternado. Garranchos não recebiam piedade.

Havia um artesanato com as palavras, numa exclusiva dedicação manual. Com fôrmas do alfabeto, montávamos os títulos em cartazes para as apresentações em grupo. A cartela com molde se chamava gabarito. Preenchíamos o fundo das letras para a leitura do material ao longe, afixado na lousa. Encontrávamo-nos na casa de um colega, no contraturno da escola, para ensaiar o discurso e efetivar a amadora serigrafia na cartolina com canetinha.

Existia também o normógrafo, uma régua com caracteres vazados para tingimento com nanquim. Facilitava sombreamentos e efeitos especiais.

Nos trabalhos individuais, o professor encomendava a composição a partir de temas universais, sob o prisma da primeira pessoa: minha família, minha cidade, meu estado, meu país, minha viagem inesquecível, meu animal preferido.

Tornava-se mandamento imperioso cumprir o tamanho exato da tarefa. Nem mais, nem menos. O rigor influenciava a nota. Exigiam-se 25 linhas. Não atingir a meta nos ocasionava um temido e inexplicável zero, não importando a qualidade do conteúdo. Às vezes, na falta de ideias, eu engordava a letra, espichava-a num efeito sanfona, desesperado para enganar os limites.

Ainda hoje, antes de entrar num debate, para descobrir se realmente possuo conhecimento de causa sobre uma determinada polêmica, eu me pergunto: dará 25 linhas?

Sou um homem dos paninhos.

É uma religião, uma escola, uma linhagem genealógica.

Não vivo sem os paninhos. É a minha Siri das tarefas domésticas, é a minha Alexa da realidade mais prosaica.

Devo ter aprendido da mãe. Mas não foi um conselho dito por ela — a orientação não veio em forma de palavras —, trata-se de um comportamento que foi observado, absorvido, adotado como regra de asseio e brilho das superfícies.

Talvez eu nunca tenha me curado do cueiro da infância, que me acompanhava ao lado no berço. Talvez seja uma lembrança de conforto que levei inconscientemente para a vida adulta. Aquele cueiro servia para limpar a minha boca, como uma toalhinha das emergências, e também garantia o cheiro da intimidade e da proteção. Ele me acalmava mais do que um bico.

A questão é que, até hoje, não me desfaço dos trapos, dos restos de roupa que podem servir para a limpeza e para a faxina. As camisas velhas, com as mangas compridas, são milagrosas para a cera no piso. As toalhas aposentadas, de felpas amansadas pelo tempo, são essenciais para o trabalho pesado do rodo.

Acima de todos os sudários, existem os paninhos. O mais importante é o da cozinha. Ele não é um perfex provisório, é um retalho de um tecido de origem remota. Não sei por que o escolhi ou de onde veio. Está lá como meu fiel álibi, na amizade inquebrantável do silêncio: a única testemunha do meu capricho, do quanto me dedico para a casa e para a família.

É meu braço direito para secar a sujeira e deixar a pia em ordem. Ele dorme na torneira. Nunca sai do seu lugar, do seu trono areado de metal. Disponho de um pano de prato no ombro para dar conta da louça e do paninho fixo para cuidar da higiene do balcão na hora de cozinhar.

Se algum familiar tira meu paninho dali, ou o descarta acreditando que estava vencido e muito encardido, eu enlouqueço. É uma referência da minha rotina, um item básico da minha paz de espírito. Sinto como se tivesse perdido um documento de identidade, minha habilitação do fogão.

Do mesmo modo, tenho no carro um paninho laranja, que ponho perto do câmbio. Ele é um faz-tudo: acode quando derrubo chimarrão ou garrafinha de água, ajuda nas estradas do interior com neblina fechada, limpando o vidro e aumentando a minha visibilidade, ampara quando o volante está queimando depois de eu estacionar numa vaga com sol a pino, e ainda é útil para tirar as manchas de respingos dos retrovisores. Eu dirijo tranquilo com meu carona de pano, meu girassol de Van Gogh.

Não cheguei ao ponto de carregar um lenço no bolso para secar a testa, só que já estou pensando em completar uma trinca de escudeiros. O suor vem me incomodando, ardendo os olhos. Será meu último paninho.

Eu ainda lustro os meus sapatos antes de sair de casa.

Ao me ver de banho tomado, arrumando-me para uma palestra ou para uma viagem, minha mulher só me avisa: "não vai se sujar agora com a graxa!"

Tenho a minha caixinha de madeira, meu estojo com produtos desde a infância.

Eu me sento na mesinha da área de serviço, com o calçado que vou colocar no dia, e esfrego o couro revezando a escova e o paninho. Continuo usando as latinhas de cera, com o lacre para virar para cima ou para baixo.

Seus efeitos cintilantes dependem da minha regularidade. Muito tempo inativa, a cera acaba craquelada e seca, repleta de pedrinhas tristes, sem umidade, semelhantes a carvões.

Eu tiro os cadarços para não encardi-los. Ajeito uma cicatriz, removo um arranhão, dou uma geral no conjunto, uniformizo a cor. No fim, sopro para afastar o excedente, bem no momento em que a esposa aparece de novo em cena. Não comenta nada, mas deve me achar meio louco soprando o sapato.

Embora o couro não fique novo, mantém a sua dignidade.

Descobrimos a idade do sapato pela sola. Como ninguém enxerga a sola, posso disfarçar. Às vezes, até recebo um elogio na rua, pelos cuidados constantes.

— Bonito modelo!

Eu me envaideço quando meus pisantes são notados, porque eu me esforço para conservá-los.

Meu avô me alertava que nos mostramos ordeiros, disciplinados, dedicados pelos pés. O sapato revela como anda a nossa cabeça. É a ponta do iceberg da personalidade.

Ainda que ele seja castigado, ainda que seja velho, o que conta é como você o trata, preservando-o sempre limpo.

Eu sei que as pessoas não têm mais esse hábito arcaico, que são engolidas pela pressa e ansiedade, que preferem aposentar o par quando ele passa a ter muitas marcas ou a ponta gasta, que atualmente reina uma cultura do descartável.

Mas me faz um bem danado saber que posso deixar algo brilhando de manhã cedo.

Há um sol portátil na sua superfície, um reflexo de espelho, um fulgor de esperança.

É como se eu conseguisse salvar, revigorar, consertar algo em mim. A recuperação da cartilagem dos sapatos é terapêutica, prova que nem tudo que é antigo precisa ser posto fora.

Resgato minha pureza de menino, de quando colava um objeto quebrado ou montava protótipos de aviões. Tem no gesto uma comoção solidária com o mundo, uma confiança na regeneração, um carinho pelo simples.

Sinto que fortaleço laços e sucedo os homens da minha família ao prosseguir ritos de várias gerações pelo asseio com a aparência.

Não importa o quanto já trabalhei na vida, o quanto já conquistei, o quanto alcancei o sucesso, permaneço o meu próprio engraxate.

Você se lembra da dona Florinda do programa Chaves? Hoje ela não existiria mais.

Também perderia metade do encanto a matriarca do sincericídio, dona Hermínia, de Minha Mãe é uma Peça, criação do saudoso Paulo Gustavo.

Ambas as figuras eram caracterizadas pelos bobes nos cabelos.

Com a consolidação da chapinha e do babyliss, os bobes desapareceram da prática cotidiana do embelezamento.

Eu passei a infância acompanhando a minha mãe e a minha irmã com bobes nos cabelos, recurso primitivo da época para ajeitar os penteados na véspera das festas.

Se colocados na horizontal, davam volume e criavam ondas. Na vertical, alisavam.

Demorava para os fios ganharem curvas. Tratava-se de uma imersão que começava no final da manhã, atravessava o almoço e terminava no Jornal Nacional.

Elas não atendiam nenhuma visita. Gritavam a cada silvo da campainha: "não estou para ninguém!"

Armadas de vassouras, viviam correndo os três guris de perto, para não incomodarmos, para não entrarmos no quarto, território sagrado da preparação estética.

O secador representava uma função à parte. Chuveiro estava proibido para não cair a energia de repente.

As mulheres pareciam astronautas da beleza pisando na Lua.

Quando ficavam prontas, eu não mais reconhecia a minha irmã e a minha mãe. Evaporavam em nossa frente.

Elas se tornavam As Panteras, sósias de Farrah Fawcett, com o ornamento arredondado, volumoso e brilhante aformoseando os rostos.

Lá vinham elas com o gelo seco abrindo o espetáculo de nossos olhos. O cheiro de cera do piso do ambiente cedia espaço para a neblina do spray fixador.

O mais impactante para a minha sensibilidade é que eu testemunhava a lenta transformação da aparência, o antes e o depois, o camarim e o palco, o que aumentava o maravilhamento, o pasmo e a surpresa.

Sem o amparo de um salão e daqueles capacetes metálicos, havia todo um trabalho artesanal. Era necessário preparar um por um dos rolinhos com um número incomensurável de grampos.

Atualmente, não se vê mais o mesmo martírio. As pessoas se trancam no banheiro e saem de lá em minutos, como num passe de mágica. Em compensação, foram extintos os bastidores divertidos da arrumação. Não acompanhamos mais as etapas de transmudação, o esforço cinematográfico de produção de nossas celebridades caseiras.

Amadurecer é trocar de lugar, mudar de ponto de vista.

Já começa no avião. Quem é jovem prefere sentar-se à janela para olhar a paisagem. Cobiça a moldura arredondada de aquário do avião.

Depois dos quarenta anos, você troca a aventura e a contemplação pela segurança e praticidade, buscando o assento no corredor. Não tem mais aquele arrebatamento das primeiras viagens. Não tem mais aquela curiosidade por tudo o que nos cerca. Já sofreu na vida o suficiente para não fotografar ou filmar as nuvens avermelhadas do crepúsculo ou a cidade formiguinha de cima. É precavido do seu destino, preocupado com o despojamento. Carrega uma mala cada vez menor para caber no bagageiro.

Quer ser o primeiro a sair, com desembaraço, desprovido de obstáculos e barreiras. Odeia estar engaiolado, emparedado pelas pernas dos passageiros ao lado. Deseja ir ao banheiro com liberdade, sem acordar ninguém nem pedir licença. A bexiga já manda no coração.

Há várias réguas de observação para se descobrir envelhecido. Por exemplo, sou escritor e vivo posando para selfies ou mandando áudios para os meus seguidores masculinos. Envergonhados, jamais assumem que gostam dos meus escritos. Sempre fazem o favor para alguém. É uma idolatria emprestada.

Antes, para justificar a aproximação, eles diziam que a sua esposa ou namorada me adorava. Depois passaram a falar que a mãe acompanhava todas as minhas crônicas. Agora já sou lembrado pelas avós que são fãs de meu trabalho.

Nem mais consulto obituários, pelo medo de perder leitores.

Há lembranças em mim que estão se despedindo de seus interlocutores. Até o Google encontra dificuldades de localizá-las. A pesquisa volta em branco, deserta de referências.

Minha memória realiza os trabalhos escolares sozinha. Vem ficando fora de qualquer grupinho ou panela de modas e tendências.

Tenho me tornado vintage. Utilizo caneta tinteiro, espátula para abrir correspondência, despertador analógico, calculadora de mesa, radinho de pilha, lanterna e agenda de papel. Consulto ainda o calhamaço do dicionário, virando suas páginas fininhas de seda com receio de rasgá-las.

Sou um dos poucos que ainda mantém ativo o espanador em casa, essa vassourinha do céu, esse penacho imprescindível das frinchas. Na hora de tirar o pó das estantes de livros, não conheço aspirador à altura.

Minha esposa vive rindo de mim. Como se eu fosse de outro planeta. Como se eu fosse um objeto retrô de que as crianças chegam perto e perguntam "como funciona?".

Estamos num sistema monetário controlado por Pix e cartões de crédito. Só os mais velhos recordam que, nos anos 1980, com o predomínio da moeda de papel, uma forma contundente de dar um recado era escrevendo nas cédulas.

Elas eram passadas adiante com uma declaração de amor, ou um insulto ao governo militar, ou um protesto a favor de eleições diretas, ou um agradecimento a um santo que atendeu a uma causa impossível, ou um apelo desesperado por reconciliação, ou uma propaganda rudimentar de uma cartomante.

Na falta de um papel para anotar um telefone de urgência, valíamo-nos do espaço em branco e da efígie de alguma cédula na carteira. Escrevíamos na cara de Carlos Drummond de Andrade, de Juscelino Kubitschek, de Machado de Assis, de Cândido Portinari, de Carlos Chagas, de Rui Barbosa, de Oswaldo Cruz, de Heitor Villa-Lobos, de Princesa Isabel.

Tinha um quê de insubordinação, de desabafo, de molecagem no bem mais valioso da época, o equivalente a uma pichação em miniatura. Até porque é crime de dano qualificado rasurar ou destruir dinheiro, patrimônio da União.

Como não se podia jogar fora a nota, ou simplesmente apagar os dizeres, representava uma maneira gratuita de expor a sua opinião.

O cobrador de ônibus compilava um verdadeiro livro em seu maço de notas. Lia-se a grana.

Ela envelhecia de mão em mão, diferentemente da atualidade, em que mal circula. Existia, inclusive, um pronto-socorro doméstico, quando a nota puída, desmanchando-se em pedaços pelo uso constante, acabava sendo colada com durex ou esparadrapo.

Lembro que uma vez morri de vergonha.

Fui ao açougue a pedido de minha mãe. Ela fiscalizava rigorosamente a devolução do troco para que as crianças do lar não gastassem à toa com balas e chicletes.

Quando eu retornei, ela me perguntou como de praxe:

— Teve troco?

Não dava para mentir. Entreguei, então, a nota de cinquenta cruzeiros que havia sobrado (cerca de seis reais hoje). E nela estava anotado aquele conhecido palavrão "filho da...".

Ela me questionou:

— Como vou carregar essa nota na carteira? Se precisar comprar algo no trabalho?

Eu respondi:

— Não tem problema, eu não me importo, dá para mim!

Minha mãe me ofereceu a quantia para se livrar de futuros constrangimentos. Foi uma bendita gorjeta suja.

A partir daquele momento, meus irmãos e eu realizamos um plano maquiavélico: começamos a escrever os desaforos mais cabeludos nas notas que ela tinha em sua bolsa. Tudo para garantir novas doações. Não chegamos ao ponto de falsificar dinheiro, mas estragamos grande parte dele para o incremento da mesada.

Nunca havia sido fã de pijama. Dispensava o figurino. Nem que fosse marroquino ou da seda mais pura. Nem que fosse o mesmo podre de chique que Caetano Veloso usa em suas aparições matinais pelo Instagram, com botões perolados.

Alguns amigos mineiros alegavam que estava perdendo o melhor do repouso, que o conforto da roupa era o equivalente a uma melatonina da pele.

Há pessoas que são fãs do traje, a ponto de cuidá-lo como um smoking do sono, um fraque da preguiça. Chegam a tirar os vincos e amassados com lento ferro de passar.

Eu não suportava a ideia de pôr algo para dormir, um pesadelo de pano. Passei adiante os presentes que recebi ao longo da vida.

Jurava que representaria a acomodação eterna, a extinção da sensualidade, a aposentadoria do casamento. Depois dele, você compra a poltrona do papai.

Preferia cueca e camisa básica. Preferia manter-me adolescente, com o espírito livre, despojado e selvagem.

Tinha sincera alergia, urticária, repulsa. Se os ambientalistas protestam contra casacos de pele, empenhava-me na campanha amorosa pelo fim do pijama, pelo fim do homem pacato.

Pijama, jamais. Em seu lugar, até admitia, em último caso, no mais extremo inverno, um abrigo macio.

Pijama, jamais. Defendia sua eliminação do armário como um princípio imutável do caráter. A rejeição refletia meu bom gosto, meu refinamento de estilo.

Não me faltavam argumentos.

Pijama é ter que se trocar para poder atender visitas ou uma campainha inesperada.

Pijama costuma ostentar bolsos pequenos e decorativos, menores do que a sua carteira de identidade. Aquele bolso é uma farsa, não permite sequer canetas e documentos. Assim como a braguilha sem zíper, que não facilita a ida ao banheiro — uma dobradura na cintura para coisa nenhuma. Você é obrigado a arriar a calça.

Afora a mania por listras, adoecendo os olhos, incentivando que procure um oftalmologista e adote óculos de leitura.

Na minha antiga visão de mundo, o pijama corrompia a moda, estragava a aparência, prejudicava a libido. Com ele, o marido aceitava passivamente a velhice, entregava os pontos, baixava a crista, o queixo, desprotegia o cofrinho. Surgia em minha mente como uma castração moral, um canil de botões. Logo mais não se perderia um capítulo da novela das seis.

Pois preciso confessar que uma mineirinha acabou com a minha última resistência cultural. Fiquei apaixonado por pijama, de tal modo que o levo em minha mala e o visto em hotéis. Tornou-se um item essencial para as minhas noites.

Minha esposa Beatriz foi astuta. Veio com uma conversinha mole, avisando que havia comprado um conjunto para mim, que não parecia pijama. E cá estou eu de pijama.

É formado por uma camiseta e uma bermuda monocromáticas. Posso até ir à padaria ou ao açougue, acrescido da companhia doméstica do chinelo, que ninguém vai reparar.

É um não pijama. Tem uma invisibilidade que não me compromete nem me constrange. E ainda posso dizer aos meus amigos que desse mal não morro.

Custei a usar pijama. Minha bronca tinha uma explicação familiar, vestia uma rejeição antiga: eu achava que o traje noturno havia sequestrado o meu pai. Pensava que ele havia tirado o pai de mim na maior parte da infância.

Meu pai existia em casa até a hora de se cobrir com o pijama.

Quando ele botava as duas peças listradas, desaparecia. Evaporava da comunicação possível do sofá da sala, da disponibilidade do abraço. Tornava-se prisioneiro de uma solidão inacessível. Entrava na solitária. Chaveava a cela do cárcere imaginário.

Não fosse pela indumentária do descanso, eu teria aproveitado mais o seu colo, a sua proteção, os seus conselhos.

Não tinha mais pai das 21h até as 6h. Não sei quem ele era no seu expediente de cavaleiro medieval da madrugada, de armadura e elmo de algodão.

A mãe repreendia toda aproximação. Nenhum assunto urgente, ou dúvida espinhosa, ou dever da escola, ou briga na rua o traria à tona.

— Não incomode seu pai, ele está de pijama.

— Seu pai não pode atender, ele está de pijama.

— Tem certeza de que não consegue carona com algum amigo, meu filho? É que seu pai está de pijama.

O pijama era um escritório de reuniões secretas. Seu isolamento. Seu bunker militar. Seu esconderijo matrimonial.

Como se ele morasse moralmente num elo perdido da rotina, fisicamente num anexo da casa.

Era o mesmo que já estar dormindo, o mesmo que se transferir para uma realidade paralela, o mesmo que estar viajando, o mesmo que estar em coma.

Ele continuava pai com qualquer outra roupa, menos de pijama, esse destino alheio ao nosso mundo palpável.

Meus irmãos e eu escutávamos seus chinelos pelo piso de madeira, os espirros alérgicos, a tosse do nervosismo, o ronco de britadeira, o barulho da descarga, o chiado das hélices do ventilador de teto. Ouvíamos sua voz comentando com nossa mãe sobre um colega de trabalho, as gargalhadas estrepitantes de alguma conversa, mas não o enxergávamos. Não podíamos vê-lo.

Até hoje, ao telefonar tarde da noite para o meu pai, em vez de perguntar se ele está acordado, questiono se está de pijama.

Existe uma consciência ritualística do relaxamento: tomo banho, coloco meu uniforme noturno, fico ao lado do abajur lendo um livro, curto o frescor dos lençóis, conto as ovelhas enquanto folheio as páginas, até pescar de dormência, depor os óculos e apagar a luz.

Durmo sabendo que vou dormir. Não acontece de modo contrariado ou involuntário.

Há pessoas que, diferentemente, não dormem, mas desmaiam.

Elas não gerenciam a sua energia. É como se somente percebessem que a bateria do celular está no fim com o apagão da tela.

Compreendem dormir como um desperdício do tempo, desconsiderando que é quando ocorrem a regulação hormonal, a produção de melatonina e a baixa importante de cortisol.

Gastam a sua força de maneira indiscriminada. Não aceitam o cansaço. Não identificam os sinais da necessidade de se desligar aos poucos: o bocejo, a visão turva, a falta de memória.

Passam por cima de qualquer advertência do próprio corpo para descansar. Não são capazes, como eu, de pôr o pijama, escovar os dentes, deitar na cama, despedir-se da família.

Não valorizam as etapas da desaceleração.

Será um blecaute no sofá com a televisão ligada. Despertarão no meio da madrugada, assustadas, sem lembrar direito o que estavam fazendo por último, sem ter tomado aquele banho quente para mudar a frequência das responsabilidades.

Há pessoas que odeiam dormir. Esqueceram-se do fuso protetivo das pequenas cidades. E dormem como indigentes: sentadas, de pé, em cima da comida, no meio de uma tarefa. Sequer tiram a roupa. Não se desfazem dos pensamentos repetitivos do emprego.

Seus sistemas são desativados de repente, numa pane perigosa. Não sobra eletricidade nem para oferecerem um boa-noite.

O cansaço é como uma embriaguez. Não o levam a sério e ele esgota a sua atenção. Sucumbem acreditando que teriam condições de seguir adiante ou de se manter acordadas. Não reservaram um instante para refletir sobre tudo o que realizaram em vinte e quatro horas, para identificar que exageraram nas obrigações, que foram além de seus limites, que acabaram de participar de uma maratona profissional, que agora precisam se reabastecer e reaver a tranquilidade.

Não fecham o expediente da alma. São crianças adultas que até hoje não acatam a ordem dos pais. Vivem sua rotina como se não existisse um amanhã.

Eu sempre me surpreendo com essas figuras insones, que se acham invencíveis. Elas não sabem o momento de parar, de desistir, de recuar.

Destroem o sentido da felicidade. Porque, sendo insaciáveis, nunca são gratas. Transformam o que era bom num excesso opressivo.

O apego é triste. É uma incompetência para dizer: "por hoje chega!" É não dar espaço à esperança tranquilizante e à canção de ninar da saudade.

Lutar contra a noite é desmerecer o dia seguinte. No fundo, você não vem gostando de sua vida.

Beatriz me deu uma toalha felpuda e macia com meu nome bordado. De modo nenhum, foi um alerta para não usar a sua toalha. Ou um aviso para começar a secar as minhas costas.

Eu me emocionei. As emoções não são controláveis, acontecem quando uma cena do seu momento resgata integralmente um estado de comoção que você já viveu um dia. Você experimenta uma sensação de felicidade porque agora duas lembranças conversam entre si.

O gesto não tinha nada de grandioso aparentemente, mas significou muito para mim dentro da memória.

Uma de minhas maiores alegrias havia sido a toalhinha de rosto do jardim da infância: a primeira vez que vi meu nome numa superfície, a primeira vez que me senti eu, alguém no mundo, com direito a existir, desfrutando do poder do pertencimento.

Não era qualquer um, tinha uma toalhinha com meu nome. Uma toalhinha que me destacava entre os meus amigos. Uma toalhinha que me realçava na turma.

O nome é um espelho. Nosso primeiro e último espelho.

Por ele, por essa graça dada pelos pais, reconhecemos o valor do amor-próprio.

Quem nunca leu a sua certidão de nascimento, letra por letra, para se sentir nascendo de novo?

Enxergar o nome impresso é sempre uma terapia. Não pela promessa de alguma posteridade, de alguma fama, e sim pelo significado maior de se enxergar presente.

Talvez a gente viva pelo desejo de ver nosso nome em destaque. É a primeira coisa que a gente aprende na escola: escrever o nome. No meu caso, em intermináveis cadernos de caligrafia.

É o motivo da batalha inicial na gestação, de uma guerra sem fim dos pais por nossa causa: qual será o nome dele? Terá a cara de quem?

É uma briga que levamos vida afora, defendendo a grafia em hotéis e a pronúncia em telefonemas e encontros. Não queremos que ninguém erre o nosso nome e sobrenome. Ficamos chateados, como se o lapso fosse um abominável descaso.

O nome é a nossa fé, a nossa solidão, a nossa paz, o ferrolho dos recreios e das corridas, onde nenhum colega pode nos alcançar.

Por isso, é terrível nos depararmos com homônimos, pessoas com nome e sobrenome exatamente iguais aos nossos. É uma concorrência desleal naquilo que temos de mais sagrado. Costumamos descobrir nossos gêmeos ao abrir uma página nas redes sociais, sendo obrigados a usar *underline* e números para nos diferenciar.

Sem nome, não existe destino. Recordo minha concentração obsessiva ao treinar a assinatura para a carteira de identidade, o temor de não conseguir repeti-la.

Pense na força do nome para as suas conquistas. Sem ele, não há mérito. O nome é a cicatriz da vitória.

Os tímidos sempre se ferram: são os primeiros a se apaixonar e os últimos a confessar suas intenções; os dublês nas cenas de perigo, jamais protagonistas dos beijos ardentes.

Nenhuma escolha é precipitada. Nenhuma decisão é superficial. Ficam estudando o terreno até alguém comprar antes deles.

Só declaram os seus sentimentos quando têm certeza de que a outra pessoa lhes corresponde — ou seja, tarde demais. Não vislumbram a sincronia das juras românticas.

Na escola, eu aprendi a triste arte de sobrar.

Não saí da sala de aula com orelhas de burro, mas com alguns chifres de amor platônico.

Existe uma fatalidade na amizade escolar. Não deve ser coincidência, pois várias de minhas parcerias passaram pelo crivo triste dessa experiência.

É a narrativa básica de desengano das comédias românticas sobre o colegial. Com a diferença de que não vivíamos um final feliz na realidade, muito menos uma reviravolta na festa de formatura.

Eu calhava de gostar da colega de que meu melhor amigo também gostava.

De todas as meninas da turma, de quinze candidatas, convergíamos em desejar namorar a mesma.

Nem sempre era a mais bela, mas era sempre a mais carismática, a mais sociável, a mais despachada.

Eu me apaixonava por uma guria, não falava para a guria, apenas para o meu melhor amigo, que guardava segredo.

Só que meu amigo não me revelava sua paixão pela guria. A sacanagem é que ele sabia o que eu sentia, mas eu desconhecia o que ele sentia por ela.

Vivia em desvantagem de informação. Acabava sendo traído pelo meu confidente.

Ele se aproximava da colega sob o pretexto de ser meu cupido, porém estava agindo a seu favor, criando cumplicidade e ganhando espaço com minha anuência simpática ao longe.

Não lutava por mim, como eu supunha, e sim para o regozijo do seu coração.

Fazia trabalhos em grupo com ela, frequentava a sua casa para ensaiar apresentação, e o tonto aqui jurando que ele advogava pela minha causa retraída. Não poderia supor ou fantasiar que já se encontravam para beijinhos.

Tem essa agravante no trauma. Na deslealdade tradicional de nosso período de formação, o melhor amigo costuma ser o expansivo, e você, o tímido. E os tímidos se ferram, já que não tomam a iniciativa.

É a síndrome de Cyrano de Bergerac, o narigudo que escrevia cartas de amor para quem amava em nome de um outro mais bonito.

Ela vivia olhando para mim, porém ela olhava porque eu andava ao lado do meu melhor amigo. Não era para mim. Eu não era o seu alvo. Não era o seu destino.

Entendia seus gestos como reciprocidade, retribuindo piscadelas e risadas no recreio (que vergonha!), e não me atinha ao fato de que representava um mero figurante de romance alheio.

Assim como jamais entregava o meu anseio por ela, tampouco brigava com o meu amigo. Tanto o amor por ela quanto o ódio por ele permaneciam platônicos até o fim do ano.

Restava-me suportar conviver com os pombinhos como se eu fosse padrinho de namoro, como se eu tivesse dado a bênção.

Eu me queimava na própria vela que segurava. E como doía a chama sufocada do peito.

São queimaduras incuráveis por dentro da pele.

Na escola, não provocava nenhum amigo. Longe de mim brigar. Queria distância de discussão, engolia a seco desaforos, evitava encarar qualquer um durante muito tempo.

Magrinho e franzino, com inferioridade física, mantinha-me fiel ao meu roteiro de discrição: residência, sala de aula, residência.

Isso jamais seria suficiente. Eu estudava no meio de um faroeste.

Um esbarrão involuntário no corredor, ou não dar cola, ou humilhar alguém com chapeuzinho no futebol, ou brincar com uma menina desejada pelos vilões já servia para fazer desafetos entre os mais velhos.

Conviviam na mesma turma alunos com diferença de três anos. Os repetentes se mostravam muito mais fortes do que a minha faixa etária.

Partia deles a ameaça que deixava todo mundo em pânico, com cabelo em pé: "te pego na saída."

Não tinha como escapar da sentença. Uma tensão elétrica corria de mesa em mesa, uma euforia de coliseu, um sadismo coletivo. Todo mundo ficava sabendo, e ninguém deixava fugir. Paredões humanos impediam a covardia, até porque existia um único acesso de saída da escola.

"Pegar na saída" representava brigar no fim da aula, fora dos muros da instituição, sem diretora para apartar, sem professor para socorrer, sem pais para garantir algum arrego.

Não havia como conversar, adiar, buscar atenuantes, ou mesmo se desculpar com antecedência. Uma vez dito, nada mudava o fatalismo do encontro, o terrorismo psicológico.

A escola inteira ligava o cronômetro e passava telefone sem fio, avisando que ninguém deveria ir para casa: teria surra antes do almoço.

Você virava um alvo.

Quando fui ameaçado por um colega do fundo da sala, pela goleada astronômica do meu time em cima do dele durante o recreio, suei frio, sofri horrores. Ao longo daquela manhã, não conseguia prestar atenção no conteúdo, minutos demoravam horas, eu me sentia observado por olhares de piedade e compaixão. Eu me via um menino morto, desprovido de chance de um golpe redentor ou um chute messiânico.

Respirava fundo. Recebia bilhetes ora de quem torcia por mim, ora das alas favoráveis ao agressor, antecipando que sangraria feio para aprender a lição.

Esperava, instante a instante, que acontecesse algo sobrenatural. Rezava ao crucifixo em cima da lousa para o duelo ser cancelado.

Se eu acredito em milagres, se eu acredito em Deus, a fé decorre dessa época.

Perto de encerrar o último período, a mãe de um aluno estranhamente bateu à porta e pediu licença para a professora. Tratava-se da mãe de quem jurava me espancar. Foi buscá-lo mais cedo para exame médico.

A decepção tomou conta do ambiente, suspendendo as apostas já feitas com bolitas e figurinhas.

Só eu vibrei, só eu festejei, só eu comemorei. Acabei esquecido. O ultimato durava apenas vinte e quatro horas. No dia seguinte, eram eleitos novos inimigos.

Eu tenho saudade dos jogos de futebol de antigamente.

Você ia ao estádio como quem se dirigia para uma rodoviária, com sua malinha, com seu kit básico de torcedor.

Além da camiseta do seu time no corpo, carregava um radinho de pilha e uma almofada. Os mais velhos não abdicavam da almofada para se sentar na pedra fria.

As arquibancadas, desprovidas de cobertura, tinham degraus de concreto. Com a sucessão de chuvas, ficavam úmidas por um bom tempo. Encharcavam a calça, com infiltração na roupa de baixo.

Cadeiras eram destinadas à direção, em áreas restritas aos conselheiros e ex-presidentes. O equivalente ao camarote de hoje.

Sócio raiz se deslocava pela cidade com o travesseirinho quadrado e magro de seu clube, estampado com o símbolo e as cores de sua paixão. Ninguém se envergonhava do assento portátil. O material se mostrava surrado de vários campeonatos, com a espuma já fina. Podia-se constatar a fidelidade do sócio pelo estado da almofada. O souvenir costumava ser arrematado no comércio das imediações do estádio por raro impulso de um título.

Sem celulares, o rádio reinava solitário. Entenda que não se usava fone de ouvido. A solidão da escuta surgiu nas últimas décadas. Você brigava com a algazarra da torcida, com o som ambiente, para ouvir o narrador. Alguns levavam aparelhos grandes nos ombros, concentrando-se para decifrar o que estava sendo dito pela emissora.

Nos arcaicos Beira-Rio e Olímpico, em Porto Alegre, ocupavam os melhores lugares aqueles que chegassem primeiro.

Quem permanecesse de pé em lances sem emoção, de troca apática de passes, corria o risco de receber um banho de mijo. Até hoje não foi provada a lenda urbana. Para tirar as pessoas da frente, jogavam-se copos de cerveja quente. Não acredito que alguém mijaria num copo fora dos laboratórios médicos. Mas que o líquido parecia mijo, parecia.

Em épocas loucas do nosso fanatismo, vaias acabavam representadas com arremesso de pilhas no campo. Gols históricos acabavam comemorados com uma renúncia ainda maior de objetos de estimação: incríveis radinhos lançados para cima, que se despedaçavam no chão, pisoteados pelos pulos da massa.

Não havia pipoca. Não havia bomboniere. Não havia pizza ou cachorro-quente gourmet. Você nem abandonava a sua localização no intervalo do primeiro para o segundo tempo. Com a multidão ávida por um ângulo privilegiado da partida, jamais recuperaria o seu local.

Você se valia dos ambulantes para comprar amendoim com casca. Matava a sua ansiedade procurando os grãos, as joias nos aquedutos da semente. Fazia um prodigioso ninho debaixo dos seus pés, um tapete da sua fé.

As pedras do amendoim agiam como um terço improvisado, na reza incansável por uma vitória.

Não se passava por dificuldades constrangedoras para quebrar as nozes no Natal, de tanto se esmagar amendoim entre os dedos ao longo do ano.

"Você não é todo mundo!"

Tratava-se de uma das mais irritantes frases que escutávamos na infância, se não a mais enervante do repertório familiar.

Aquilo doía. Aquilo magoava.

Batia a porta das restrições em nossa cara. Porque, como criança e adolescente, você quer se igualar aos colegas. Integrar a turma. Fazer parte da tribo, de um bloco único e indivisível de aparência das amizades. Ser popular. Receber o carimbo em brasa do rebanho.

O contexto da sentença se estabelecia depois de algum protesto por falta de recursos ou regalias.

Você reclamava que não tinha um tênis de marca, ou que não poderia comprar um caderno com a estampa do momento, ou que não dispunha de uma roupa da moda, ou que deveria voltar mais cedo de uma festa.

A reprimenda da mãe ou do pai acabava com a discussão.

Você ainda tentava prolongar a lamúria com a delação premiada, alegando que fulano tinha tal coisa ou sicrano ganhava passe livre para chegar mais tarde.

Não adiantava, você não era como todo mundo.

Os dizeres castigavam seu ideal ansioso de coletividade. Funcionavam como uma condenação à solidão. Você não se sentia especial na época, pelo contrário, o comunicado surgia como uma exclusão sumária, uma poda da sua liberdade. Dava a entender que só você não desfrutava de certos privilégios, os demais ao seu lado, sim.

Depois, com a maturidade, você digere a lição — o até então intragável "para-te quieto" — como uma das mais importantes da vida, para respeitar os seus limites, para agradecer o que você tem, para não ser engolido pela inveja, para não ser consumido por relações superficiais.

Nossa história é cheia de inversões, de reviravoltas emocionais. Com as experiências frustradas em grupo — quando bebe além da conta para acompanhar as suas parcerias e é zombado na festa, ou quando se declara amorosamente em público e é humilhado, ou quando não consente com o bullying sofrido por um amigo e é insultado, ou quando é filmado em situação de fragilidade, ou quando se assusta com a violência de uma torcida —, a censura passa a ter uma lógica de virtude, e você deseja se desvincular da grosseria em massa.

"Você não é todo mundo" torna-se um elogio. Você segue o seu caminho particular de provação e mérito.

Demora a aceitar, mas finalmente concorda com os pais. Que bom que não sou como todo mundo. Que bom que posso ser educado mesmo quando alguém é rude. Que bom que posso ser simples mesmo no meio da ostentação. Que bom que posso ser sensível mesmo que eu sofra mais pela minha escolha. Que bom que posso ser honesto mesmo que ninguém veja o que estou fazendo. Que bom que posso dançar ou cantar mesmo não sendo bom o suficiente, mesmo sem voz afinada. Que bom que posso demonstrar o que sinto pelo pai e pela mãe, sem ter vergonha de beijá-los ou andar de mãos dadas com eles na rua. Que bom que tenho princípios que não mudam mesmo nas adversidades, sem que precise me inferiorizar pela cobiça.

Convenhamos, é um desperdício nascer diferente e procurar ser igual aos outros.

Ao se importar com o que os outros pensam, você não faz mais nada da sua vida.

Desiste antes de tentar. Desiste antes de ser.

Se você ficar rindo à toa, vai parecer bobalhão.

Se você chorar, vai parecer deprimido.

Se você for generoso e confiar em estranhos, vai parecer ingênuo.

Se você se declarar a alguém, vai parecer piegas.

Se você jamais falar o que sente, vai parecer indiferente.

Se você for fiel, vai parecer conservador.

Se você largar o emprego para viajar, vai parecer louco.

Se você se priorizar, vai parecer egoísta.

Não pode ser inteiro com seus sentimentos, mostrar-se comovido pelas mais diferentes situações. Franqueza é percebida como fraqueza. Instabilidade é identificada como despreparo.

Não desfruta do direito a ser feliz ou triste publicamente. Lágrimas são indesejadas, gargalhadas são proibidas. Qualquer gesto deve depender de um contexto, de uma justificativa, de um motivo.

Ou você segue o rebanho do medo, ou é dado como perdido.

Ou você finge equilíbrio, disfarça as suas emoções, ou passa a ser visto como dramático e exagerado.

Não tem escapatória. Sempre será julgado pela normalidade, sempre será classificado de acordo com a mediocridade, sempre será desfavorecido por um padrão dominante de comportamento.

Saúde mental é ter coragem de se expor e não se adequar às reações alheias. Ou ter coragem de não se expor e alimentar um mundo secreto de seus contentamentos, independentemente do senso comum.

De tanto que pretende ser sociável, você se anula e some da sociedade. Você não terá histórias para contar. Não terá romances para produzir saudade. Não terá façanhas para se orgulhar. Não terá sequer gafes para se conhecer melhor. Não testará seus limites e se acomodará num papel definido por terceiros: de figurante de sua própria trajetória, de sócio minoritário de sua própria existência.

Começará a agir por autorizações de familiares, por aprovações de empregadores, pela unanimidade impossível, pelo consenso insuportável, para corresponder às expectativas dos mais próximos.

A obediência ao coro geral e a submissão estão separadas por alguns centímetros.

Jamais experimentará a liberdade da tentativa.

Deixará de viver para não chamar atenção, para não gerar escândalo, para não entrar em conflitos, para não suscitar incômodos, para não perturbar a ordem das vaidades nas redes sociais.

Não fará festa no seu apartamento para respeitar o silêncio dos vizinhos, não oferecerá a sua opinião numa reunião por receio das manifestações dos colegas.

Desaparecerá na rotina, encolhido por futuros danos, com seus dons atrofiados.

Pessoas intensas são malvistas, mas garanto que elas são as mais realizadas.

A felicidade é como Wi-Fi.

Ao entrar num lugar, você se conecta à rede local ou mantém o seu 4G ou 5G. Não tem como acumular duas conexões ao mesmo tempo. Você precisa escolher uma só.

Vamos fazer um exercício. Lembre-se dos momentos felizes da sua vida.

Da vastidão da memória, pince uma, duas, três cenas alegres, em que você se sobressaia pleno, esperançoso, cheio de vigor.

Em todas elas, em qualquer uma das recordações que surgiram à tona, eu duvido que você esteja fazendo duas coisas ao mesmo tempo. A felicidade é uma coisa de cada vez. É uma conexão de cada vez.

Ou namorava, ou bebia com os amigos, ou passeava, ou conversava bonito com alguém, ou dançava, ou cantava, ou corria na chuva, ou relaxava deitado num parque, debaixo das árvores. Mas repare na minha descoberta: jamais empreendia duas tarefas.

A vida é isso: definir-se por uma conexão. Toda escolha da nossa existência depende da nossa capacidade de renúncia. Você somente valoriza o caminho a partir de tudo o que deixou para trás.

Tendo consciência do que recusou, capricha naquilo que possui. Não se mostra dividido entre o passado e o futuro.

Não existe jeito de ser contente na encruzilhada, na dúvida, no dilema, na indecisão sobre qual rota tomar no ninho de estradas.

Ficar fisicamente num local, com a cabeça noutro, fará com que padeça da sensação turva de que vem perdendo uma experiência importante longe dali.

A infelicidade consiste em acumular opções. Pois você se apresentará pela metade em várias atividades — numa condição fragmentada, distraída, inquieta — e não desfrutará da sua inteireza, da paz de viver o agora.

Felicidade não requer efeitos especiais, talvez seja exatamente não complicar a entrega, explorar o básico, sustentar o essencial.

Nos seus períodos de exultação, você verá que tão somente estava presente. Quanto mais presente, mais feliz era.

O interior e o exterior se comunicavam, interligados. O que acontecia na pele repercutia na alma: um beijo doce provocava um arrepio, um carinho na cabeça gerava um suspiro.

Afugentamos a angústia, espantamos o medo, quando nos determinamos por uma rede. E não mais sofremos com as hipóteses.

A simultaneidade é inimiga do acolhimento.

Traz dispersão, perda de foco, frustração e pressa. Você contará os minutos para terminar o que começou, num afobamento desprovido de comprometimento. Forasteiro de si mesmo, nunca se encontrará onde quer, onde deseja.

Somos monotemáticos. Equivocadamente, o mundo contemporâneo dos resultados imediatos e da eficácia a baixo custo tem nos levado na contramão da nossa sensibilidade, educando-nos a permanecer em dois lugares ao mesmo tempo. O preço que pagamos pelo exílio vem na forma de ansiedade, pânico, depressão.

Felicidade é não se distanciar do corpo. É sentir o corpo, conectado a uma única pessoa, a um único espaço, instante a instante.

Se me perguntam quando eu me formei em Jornalismo na UFRGS, eu gaguejo para me lembrar. Preciso ir da primeira série até o fim da faculdade, com o apoio dos dedos, para chegar a uma data aproximada. Deve ter sido em dezembro de 1996, salvo engano. Porque fui pai no meio da faculdade, em 1993, quando nasceu Mariana.

Mas não me esqueço da música da minha formatura. Há um hábito gaúcho de cada formando escolher uma canção para ilustrar sua trajetória de resiliência e de conquista. Minha esposa, que é mineira, por exemplo, não desfrutou desse privilégio. No seu estado, era tocada uma única trilha para toda a turma de diplomados.

Talvez tenha sido uma missão mais difícil do que fazer o TCC. Imagine a complexidade disto: uma música para definir a sua história? Todo mundo tem uma playlist, mas reduzi-la a uma só melodia inesquecível é tarefa insana.

Havia um dilema na largada: se eu privilegiaria o momento que eu vivia ou a minha trajetória inteira desde o nascimento.

Restava uma certeza: seria música brasileira. Naquela época nem cogitei colocar o hino do Inter, porque o Grêmio ganhava tudo e o colorado só assistia. Eu acabaria recebendo o canudo sob vaias no Salão de Atos da UFRGS.

Excluindo o futebol, que é uma das minhas paixões, eu me via indeciso entre Caetano, Chico, Lupicínio, Cartola, Paulinho da Viola... Mergulhava os ouvidos nos meus LPs e as musas das letras não me inspiravam.

O desespero aumentava quando os colegas me questionavam nos corredores da Fabico: "Já escolheu a sua música? Passou da hora!". Eles queriam saber quem eu era, qual o meu credo espiritual, o que fazia a minha cabeça.

Como não podíamos falar durante a diplomação, com exceção do orador nomeado com antecedência, a música servia para traduzir as nossas inquietações.

Contávamos apenas com o tempo de um breve agradecimento ao microfone, para não tornar a cerimônia longa e maçante aos familiares.

A música ocupava o lugar do nosso discurso, dos nossos ideais; tinha o efeito contagiante de dar uma mensagem, de realizar um protesto, de marcar a noite com um hino de insubordinação ou de ovação. Na ausência de palavras, revelava a nossa alma.

Dependendo dela, o público cantava, batia palmas, vinha junto.

Não pretendia me formar com uma canção triste, deprimida, que denunciasse a minha solidão de poeta. De difícil, já bastava a vida.

Foi quando recordei que sempre, diante das adversidades, eu me energizava com "O que é, o que é", de Gonzaguinha.

Eu baixei a minha cabeça para receber o capelo preto do paraninfo Ruy Carlos Ostermann, ao lado da pureza das crianças.

"Viver e não ter a vergonha
De ser feliz
Cantar, e cantar, e cantar
A beleza de ser um eterno aprendiz."

Optei bem. Ela me define e me representa até hoje. Não me canso de aprender e recomeçar.

A verdade dói em mim, mas a mentira machuca o outro.

Ainda prefiro a verdade.

É triste viver se justificando e não assumir o que aconteceu.

— Não é que eu tropecei, estava chutando uma pedra.

— Não é que eu roubei, peguei emprestado.

— Não é que eu me esqueci da data, preparava uma surpresa.

— Não é que eu menti, estava brincando.

— Não é que eu recebi um fora, forcei o término.

— Não é que eu colei, procurava ver as horas.

— Não é que fui grosseiro, era uma piada.

— Não é que sou teimoso, não posso ceder com facilidade.

O faz de conta logo desliza para a irresponsabilidade afetiva. Quem dá desculpas não amadurece. A culpa não é boa conselheira, sempre busca fraudar o cotidiano e adulterar os fatos.

Haverá um adiamento da experiência, jamais transformando adversidades em lições.

Todos percebem quando exageramos, recusamos as evidências, fugimos da realidade, ignoramos os nossos erros e falhas.

Talvez um dos melhores aprendizados de honestidade em minha vida tenha vindo da infância: comprometer-me somente com o que eu era capaz de cumprir.

Meus irmãos e eu tínhamos que limpar o prato. Não poderíamos sair da mesa sem limpar o prato. Permanecíamos lá a tarde toda, a noite toda se fosse o caso.

Não adiantava esconder o gibi debaixo da mesa. Distrações não eram permitidas.

Você precisava se servir com o que realmente comeria. Qualquer colher a mais seria cobrada.

Não deveria ter o olho maior do que a boca, ou se sentir melhor do que a refeição, esnobando o valor de cada alimento.

A gula ou a ambição correspondiam a pecados mortais.

O almoço e o jantar começavam com a oração, e só terminavam com a gratidão.

Em casa, era assim: nunca desperdiçar comida. Ficávamos na mesa até não sobrar nada, nenhum molho, nenhuma mancha na louça.

Nem existia micro-ondas na época. Ou engolíamos o alimento frio junto do orgulho, ou não recebíamos permissão para nos levantar.

Os pais dispensavam pirotecnias de persuasão, como o uso do recurso do "olha o aviãozinho!". Mordomia de aeroporto? Nem pensar. A pressão surgia do castigo mesmo, da rodoviária do silêncio, da espera angustiada pelo retorno do apetite.

O máximo de apoio oferecido partia da mãe, quando nos via enrolando, ganhando tempo, espalhando as porções para as bordas. Alegava que a comida iria chorar com o nosso desprezo.

O feijão choraria, a cenoura choraria, a couve choraria, o bife choraria.

Na primeira vez que fui a um bufê a quilo, levei um susto. Não sabia como reagir diante de tamanha oferta. Para mim, era um velório. Toda aquela montanha de comida chorando.

Repare: todos os panos de chão de sua casa são peças masculinas. Não há nenhuma peça feminina. Só as roupas dos homens servem para limpar o chão e esfregar a casa. Só elas são aposentadas nos baldes.

Mulher jamais deixa seu figurino atingir a degradação total, a decadência irreversível. Por mais que o seu closet seja imenso, conhece o estado de cada uma de suas compras.

Já o homem, por mais que seu armário seja enxuto, desconhece as condições de suas vestimentas. Ele parte ao trabalho sem se preocupar sequer com o tamanho das suas camisas. Não perde tempo trocando presente de número inadequado na loja.

A verdade é que o homem desconsidera a necessidade de ajustes. Se tem uma camisa larga, sai de bata. Se tem uma camisa justa, sai de baby look. Acredita que as roupas mandam no corpo, não que o corpo manda nas roupas.

Tanto que o homem não teme os furos das traças — nem poderia, porque é a própria traça. Ele se esquece do que possui, abandonando tudo em sua pele. Não registra as etapas de decomposição do tecido, que rasga de repente na hora de pôr.

Nunca se dá conta do problema, da erosão, ao lavar, passar, dobrar e guardar na gaveta. No instante de viajar e fazer a mala, não revisa os furos e vincos.

Ele não sabe o momento de parar de usar algo. Botões caem, colarinho perde a cor, mas não enxerga os sinais. Pensa que pode vestir mais uma vez, e outra vez. Vai permitindo a desencarnação da lã.

A esposa não precisa justificar o emprego de qualquer indumentária masculina como pano de chão — já é um trapo. Nem depende de triagem. Vem pronta para lustrar móveis e encerar o piso.

O fim das roupas das mulheres é o brechó, o fim das roupas dos homens é a área de serviço.

O que a ausência do uso da vassoura pode desencadear no nosso discurso, nos nossos hábitos mentais?

Hoje, raramente erguemos a vassoura para limpar a casa: há feiticeiras, aspiradores de pó, robôs.

Isso faz com que não enxerguemos mais a sujeira da nossa semana, os nossos defeitos, as nossas camadas de imperfeição.

Parece que desapareceram as dificuldades ou arestas para a manutenção dos vínculos. Os ambientes são refeitos com celeridade, sem muito esforço. Perdemos a oportunidade de notar a nossa influência na vida dos outros.

É uma automatização que nos põe a refletir menos sobre as nossas condutas e decisões. Somos mais impulsivos e refratários às adversidades. Somos mais ansiosos e menos presentes.

Não deitamos os travesseiros na janela para pegarem sol, não investigamos os cantos do sofá e da geladeira, não reparamos nas falhas do piso e do carpete. Desfrutamos da residência, não mais a habitamos como antes.

É uma desmemória, como se morássemos num hotel, sabendo que não precisamos ajeitar nada. Terceirizamos os nossos conflitos. Não lidamos com os nossos erros e impurezas.

Quando empregávamos a vassoura, predominava uma continuidade da ação. Uma mentalização do conjunto a ser faxinado, dividido em etapas. Você tinha que vasculhar todos os aposentos e recolher a poeira em montinhos. A atividade culminava num exame de consciência para se livrar dos pensamentos imundos, dos palavrões e das ideias nocivas.

Sem vassoura, a pazinha não tem serventia nenhuma, tampouco a ajuda final de uma parceria na transferência dos ciscos e dos farelos para o lixo. Não dependemos de mais ninguém, abrindo espaço para um individualismo exacerbado.

Vejo que os diálogos domésticos não completam mais aquele ciclo básico da limpeza: ouvir, analisar e depois dar a opinião. Não há mais paciência de escutar alguém, o seu testemunho, a sua experiência, a sua tristeza. Você já sai falando aquilo em que acredita, aspirando o que há pela frente de desconforto, deduzindo emoções alheias. Prefere se desvencilhar do problema rapidamente a entender a sua gravidade.

Trazemos soluções antes de prestar atenção na particularidade de cada dor.

Se um amigo sofre com alguma crise, se um familiar arca com alguma depressão, se um filho experimenta alguma desilusão, agimos de modo genérico, colocando tudo para dentro do saco dos aspiradores de pó (o substituto atual de colocar a sujeira debaixo do tapete).

Não queremos enxergar os danos. Não temos tempo a perder. Não nos responsabilizamos.

Carecemos de uma boa e antiga vassourada nas relações. As bruxas eram sábias.

Não existe nenhuma explicação razoável para o sumiço de certos objetos dentro de casa.

Nenhum vivente está imune ao extravio, mesmo o mais organizado, o mais maníaco, o mais obcecado, o mais controlador.

É um mal democrático, igualitário, que atinge quem se encontra feliz ou triste, calmo ou apressado, independentemente do seu estado emocional.

Antes, pensava que as coisas sumiam porque a minha mãe escondia tudo de propósito, só para que eu aprendesse a rezar a "Salve, Rainha". Mas já tinha decorado a oração, e elas continuavam evaporando.

Até a mãe se mostrava vítima das baixas domésticas. Ficava desesperada ao não localizar seus pertences quando queria. Se eu pedia para rezar também "Salve, Rainha", ela considerava um deboche de sua expedição pelas gavetas e armários.

Eu me dei conta de que não poderia ser encenação da parte dela, sua enxaqueca e angústia eram extremamente convincentes.

Há uma dimensão paralela em nossa existência, um elo perdido, um jogo de esconde-esconde de gnomos e duendes, uma trapaça do invisível, uma brincadeira de fantasmas, um inventário de abduções.

Duvido que alguém não partilhe comigo a mesma perplexidade perante o desaparecimento frequente de quatro elementos do nosso cotidiano:

MEIAS

A máquina de lavar é uma indústria do divórcio. Os pares entram casados e brigam lá dentro. Perdem-se na espuma, ficam tontos, exageram no Omo, emborcam o amaciante, sei lá o que acontece. No fim, nunca teremos as meias iguais. Nunca será o casal original de meias. Chega um ponto em que se acumulam vinte meias viúvas na gaveta. Como? Será que existe um alçapão falso na máquina?

O Triângulo das Bermudas deveria se chamar Triângulo das Meias.

TAMPAS DE PANELAS

Como uma circunferência enorme de alumínio, ou de aço, ou de vidro, pode não ser encontrada? As panelas sempre estão com uma tampa emprestada de outra panela. A pressa na hora de preparar a comida aumenta o pânico. Enfrentamos o risco de queimar o almoço ou o jantar com a distração. Mexemos debaixo da pia, e nem sinal dos conjuntos comprados. As panelas acabam dando o mau exemplo para os potes.

CANETAS BIC

Trata-se de um mistério na escrita do nosso destino. Quando você precisa anotar um telefone importante ou assinar um documento, cadê aquela caneta? Todos dizem que não pegaram. Ninguém viu, ninguém sabe.

Não adianta ser prevenido e colocar o nome ou uma corrente na caneta porque ela foge. Caneta odeia donos possessivos.

GUARDA-CHUVAS

Cada pessoa no mundo terá uma média de trinta guarda-chuvas até sua morte. Você apenas se lembra dele no momento de sair, jamais no retorno.

Os guarda-chuvas são morcegos disfarçados. Eles voam quando vem o sol, quando chega a luz.

Duas atividades estão em extinção. Na minha meninice, exerciam uma grande influência social. Tínhamos que aprendê-las para não passar vergonha diante dos amigos.

Uma delas era fazer bola com chiclete. Até estourar. Para chamar atenção de todos. Havia até concurso, no recreio, de quem inflava a goma de ar por mais tempo, retardando a explosão pelo rosto.

Hoje criança mal masca chiclete. Virou um hábito maldito, espécie de cigarro da infância. As balas venceram a disputa de doçura e ainda resistem entre os pequenos, com aquela ressalva contra o excesso para não estragar os dentes.

Na minha época, não importavam as ameaças macabras dos pais. Não surtia efeito quando diziam que nossas tripas ficariam coladas com tanto chiclete. A goma representava um ato de independência. Mantínhamos o chiclete durante a aula inteira. O gosto de *tutti frutti* ia embora, mas não desistíamos de mascar por malandragem.

Coitadas das mesas e das cadeiras da classe, nossos cemitérios de massinhas grudadas nas suas tábuas internas.

Uma segunda prática do cotidiano que desapareceu do nosso convívio é o assobio.

Existia o assovio — para chamar alguém ou parar um táxi ou ônibus na rua — e o assobio — para acalmar a ansiedade com a música. Ambos se mostravam imprescindíveis para impor identidade e não ser tachado de inexperiente pela turma.

Os pais permaneciam de fora dos assuntos mundanos. Os avós cumpriam o papel de professores, ensinando onde colocar a língua e como usar os lábios. Davam lições de canto aos seus netos. Talvez por estarem na velhice e mais próximos dos anjos.

O conservatório caseiro exigia algumas fases. Iniciávamos imitando os pássaros, depois, decorávamos trechos do hino nacional, em seguida entoávamos "Trem das onze". Nesse momento, já podíamos nos apresentar em público e testar se as outras pessoas reconheceriam a canção ou se somente nós acreditávamos na existência dela.

A última etapa da transformação do sopro em melodia consistia em praticar o repertório do Braguinha, como "Carinhoso", "Pastorinhas" e "Touradas em Madri". Você começava com as aves e terminava com João de Barro, nosso compositor mais assobiado, nosso pássaro das letras.

Assim educávamos o fôlego e nos qualificávamos para o namoro. Não tinha como beijar na boca sem assobiar antes. Você corria o risco de perder o ar no primeiro encontro.

A porta da frente era somente para visitas. As visitas tinham o direito exclusivo de apertar a campainha e de pisar no capacho verde em que se lia "bem-vindo".

Ai de nós se sujássemos o tapete com os nossos tênis enlameados!

Meus irmãos e eu entrávamos em casa pelo pátio, abrindo o portão de ferro da garagem. Nem precisávamos de chave. Jamais carreguei chave de casa na minha infância. A porta dos fundos estava sempre destrancada.

Vivíamos uma sequência planejada de cenas: o cachorro pulava nas nossas pernas, brincávamos com ele no chão para amenizar a sua carência e acalmar os seus latidos, largávamos a mochila no armário da limpeza como se fosse um peso morto e nos dirigíamos para dentro do lar, a partir da cozinha.

Chegávamos da aula por volta do meio-dia. Um pouco antes até. Andávamos só algumas quadras, já que morávamos perto da Escola Estadual Imperatriz Leopoldina. Jamais mudávamos o nosso roteiro: seguíamos pela avenida Palmeira, dobrávamos na Soledade, depois na Guaporé para desembocar na Lageado.

Gritávamos "ô de casa" para ver se pai ou mãe se encontravam por perto. Nosso primeiro impulso era abrir as tampas das panelas fumegantes para espiar o que iríamos comer. Ninguém fazia spoiler da refeição no dia anterior. Descobríamos o cardápio desse jeito, com o vapor na cara. Uma nebulização sem igual do perfume da comidinha caseira. Fechávamos os olhos para inspirar longamente o aroma.

Na maior parte das vezes, desfrutávamos de um momento sozinhos com o fogão. Com a comida pronta e prestes a ser servida. Ninguém estava por ali vigiando e fiscalizando a nossa invasão. Pegávamos sorrateiramente um garfo na gaveta para experimentar um bocado de cada iguaria. Soprávamos para não queimar o céu da boca. Um bafejava o talher do outro pela pura algazarra.

Sabíamos que não podíamos profanar o cardápio, mas não temíamos a reprimenda. Valia a pena. Negávamos o mandamento sagrado e a regra geral de apenas comer na mesa e com as mãos limpas.

Tempo feliz em que enganávamos a fome ciscando o que achávamos pela frente, como passarinhos penetras que furtam rapidamente o alimento e logo voam.

Tempo feliz em que ninguém tinha morrido e todos se ajudavam.

Tempo feliz em que não sofríamos com a preocupação e a infelicidade dos adultos.

Melhor do que provar o conteúdo das panelas, só quando a mãe fazia panquecas e nos antecipava as massinhas quentes e douradas. Ríamos da chance única e autorizada de comer antes da família. Pouco importava a falta de recheio, deliciávamo-nos com o favoritismo.

Não sei se você já teve a experiência de voltar à casa da sua infância.

É um impacto entre o olhar infantil e o adulto. Um susto diante da verdade.

Eu guardava a certeza de que havia morado num palacete, numa mansão, mas, ao retornar ao meu antigo endereço num tira-teima nostálgico, deparei-me com um espaço absolutamente modesto, exíguo. Não parecia a mesma residência, apesar de exibir o mesmo desenho geométrico e as mesmas linhas arquitetônicas.

Levei alguns minutos para efetuar a conversão. Meu quarto estava três vezes menor. A cozinha lembrava mais uma lavanderia. O aposento central comportava sofá e televisão, nada mais. Como eu me iludi tanto?

Aqueles 300 metros quadrados eram, na realidade, 100 metros quadrados.

É que eu enxergava o mundo de modo proporcional ao meu tamanho. Via um pátio no tapete, via uma praça no beliche, via um jardim na varanda. Crianças transformam frestas em janelas, portas em poternas. A profundidade é inventada pela necessidade.

Você testemunha idêntica e espantosa retração do cenário, encolhimento da estrutura, ao visitar sua escola de ensino fundamental. A quadra de salão evoca joguinho com minitraves, o refeitório é da dimensão apertada de uma sala de aula, a sala de aula é um cubículo em que não entende como cabiam trinta cadeiras.

Lamento a minha normalidade inofensiva. Sacrifiquei esse poder mágico de transcender o que eu possuía, de ampliar onde eu morava, de destacar a simplicidade a ponto de fazê-la raridade.

Hoje reclamo muito mais da vida, dando valor ao que não tenho.

E pensar que, quando pequeno, eu odiava não me sentar com os adultos.

Havia uma mesa reservada para as crianças.

Tratava-se de um recurso em festas e almoços no fim de semana, para acomodar todos os integrantes de nossa família, incluindo tios e primos.

Exclusivamente os maiores de idade desfrutavam do privilégio de ficar na tradicional távola redonda da sala de estar. Os menores acabavam recrutados para as mesinhas de apoio, em dispensas automáticas do exército.

Eu me sentia deslocado, excluído. Minha sensação era que não apresentava autoridade, direito de opinião, oportunidade de me servir sozinho e determinar a porção do prato.

Vivia angustiado na dependência. Jurava que perdia as risadas e os melhores assuntos, a picardia e ironia dos casais, tendo que juntar os cotovelos com os meus priminhos, desperdiçando a minha presença com brincadeiras da infância, ou cantorias de "Os Jacarés de Estimação", dos disquinhos da Disney.

"Carinhosos... como eles são! São monstrinhos de estimação."

Eu apenas queria crescer o quanto antes, rapidamente, tapar os ouvidos, livrar-me da creche entre os parentes, receber a promoção do bigode, vencer a puberdade, largar os copinhos coloridos e os garfos de plástico.

Se eu pudesse me beliscar na época, diria:

— Te aquieta aí, guri! Aproveita, tudo vai diminuir com o tempo.

Há aqueles que leem o futuro na borra do café. Eu leio pessoas.

Quem toma café com leite é mais tradicional, conservador, com opiniões contundentes e polêmicas. Segue essa mistura desde a infância e jamais mudou. Anda em linha reta na sua atitude, honrando pai e mãe. Defende a disciplina e o rigor como degraus da realização pessoal. É orgulhoso, de poucas palavras. Só acredita nas conquistas feitas pelo suor e trabalho pesado. Odeia desculpas e adiamentos.

Quem toma café com leite, mas mergulha o pão ou a bolacha na xícara, é saudosista. Amolece diante de uma declaração de amor. Seu coração é de farinha. Sempre sente falta de alguém do passado que já morreu ou não está mais aqui. Tem um carinho predileto por detalhes, como os desenhos na toalha de mesa ou na louça. Sofre de apego. Não joga nada fora. Até uma caixinha de fósforos antiga é lembrança sagrada de um momento.

Quem toma café pingado, um tapa de leite no café, para formar um telhado nevado, para não deixar a cafeína agir sozinha, possui uma postura mediadora. Resolve conflitos, busca o contraponto, tem vocação para a diplomacia familiar e empatia para entender o outro lado nas discussões. É um porta-voz da serenidade.

Quem toma café com açúcar mantém o espírito brincalhão da infância. Quer ser aceito, amado e vive fazendo brincadeiras. É carente, preocupado com as amizades, aflito com o que as pessoas próximas pensam a seu respeito. Brigar com um afeto é o equivalente ao fim do mundo, a um apocalipse de remorsos. Sente-se completo quando está com toda a família. Tira fotos, na maior parte das vezes, acompanhado.

Quem toma café com adoçante já sofreu demais na vida. É pessimista, gloriosamente rabugento. Reclama de tudo com sua inteligência desencantada e sua ironia de poucos adeptos. Compara o ontem e o hoje pontualmente, lembrando o quanto foi feliz. Até porque usa o adoçante no lugar do açúcar, como uma readaptação de costumes por exigência médica ou dieta. Há uma renúncia implícita na escolha.

Quem toma café com bastante água — um "chafé"! —, em que é possível enxergar o fundo da porcelana, mostra-se temperamental, genioso, determinado, duro de se convencer. Precisa diluir a sua personalidade de tão concentrada que ela é. Compõe uma maioria cafeística, descendente da térmica do escritório.

Quem toma café puro e forte é desembaraçado, viajante, livre. Essencializou a sua existência ao mínimo, ao pó mais rarefeito. Pode ter sido, um dia, todos os exemplos anteriores, porém remodelou a sua conduta para o despojamento. Seu ideal é ser leve e não acumular mais culpa por aquilo que não aconteceu ou deixou de fazer. Experimenta o presente de modo crucial, sem grandes projeções e expectativas. O *shot* curto é uma demonstração de sua mobilidade. Não fica preso excessivamente a nenhum lugar fixo. Não pretende depender de ninguém, muito menos de uma colherzinha.

Por último, numa definição emprestada do poeta Mario Quintana, existe o tipo que exige o café pelando para beber unicamente quando ele estiver frio de vento e de espera. O que é um sinal evidente de esnobe arrogância.

A vida é uma caixa de bombons.

O que você faz quando recebe a caixinha? Prioriza aqueles de que mais gosta.

Você não adia os melhores bombons. Vai cumprindo uma escadinha, uma hierarquia. Acaba os prediletos, chega aos medianos e, então, doa os que não tem vontade de comer.

Tanto que você somente oferece bombom para os outros quando não há mais nenhum favorito. É a rapa: os chocolates com frutas, que nem são vendidos isoladamente.

No fundo do papelão, sobram os tipos que mais odeia.

Deveríamos realizar igual triagem com a nossa rotina. Dar atenção preferencial para as pessoas que amamos, para quem está conosco na saúde e na doença, nas alegrias e nas adversidades.

Mas perdemos a nossa presença renovando a nossa reputação, mantendo as aparências, preocupados com a opinião alheia, entretidos com interações passageiras, com a provisoriedade de estranhos, com as circunstâncias efêmeras de desconhecidos, com laços soltos e rasos.

Deixamos para depois a família. Partimos do princípio de que, por ela nos conhecer, vai perdoar os nossos esquecimentos, relevar a nossa avareza de espaço na agenda, conceder um desconto para a nossa pressa.

Nosso instinto de preservação é evitarmos sofrimentos que venham com a intimidade e nos dedicarmos às formalidades da carreira e da subsistência.

Só que muitas vezes pagamos um preço alto por não nos envolvermos: a covardia. O medo de sermos machucados pelos relacionamentos próximos nos incentiva a não nos entregarmos inteiramente a quem nos estima, a quem espera o nosso carinho e carece de nosso olhar protetivo.

Filhos são postos de canto, esposa e marido tornam-se secundários, pais são negligenciados nas conversas mais banais.

E podemos arcar com a aplicação do castigo mais grave do egoísmo: envelhecer sozinhos. Envelhecer como um bombom negado, de passas, por passar o tempo todo fugindo daqueles que nos prezam, até que eles se cansam de nos procurar e de tentar um contato. Você se isola tanto ao longo das horas que não sobra ninguém ao lado no fim dos seus dias.

Prefiro ter cicatrizes a não contar com experiências reais, momentos marcantes para embalar a memória.

Rascunhos com as nossas garatujas são mais legíveis do que uma folha sem nada.

A saudade costuma nos levar às lágrimas. Mas serão lágrimas de tristeza? Acredito que não. São lágrimas de realização, das emoções aprofundadas. A saudade parece triste, mas é feliz. Significa que você viveu, que esteve presente, que tem o que recordar.

Triste mesmo é a culpa, é se arrepender de tudo o que não fez.

É uma existência sem recheio, sem alma, sem o doce das lembranças.

A existência é fascinante nos seus ciclos.

Tudo o que vai volta.

Na infância, havia a tensão dos pais quando me levavam com meus irmãos ao restaurante. Tinham que controlar o apetite de quatro filhos. Regravam cada porção, cada troco a mais, cada centavo.

Nosso medo era que faltasse comida, o medo deles era que sobrasse.

Fiscalizavam as quantidades, dividiam as colheradas harmonicamente, jamais toleravam gastos desnecessários. Não podíamos pedir doce ou qualquer extravagância.

Sofriam moderando os nossos excessos, a nossa gula por novidades. Não deixavam que olhássemos as tentações no cardápio.

A conta não deveria vir abusiva, pois comprometeria o orçamento do mês.

Agora, já adulto, creio que meus pais estão se vingando de mim. Sabendo que eu vou pagar a fatura no restaurante, não experimentam mais nenhuma cautela, prurido, medo das cifras. Mostram-se absolutamente à vontade, inconsequentes. Sequer carregam bolsa ou carteira.

Não é natural. Existe uma conspiração por baixo da toalha da mesa.

Pedem tudo o que têm direito. Solicitam entradas, prato principal, sobremesa. Consultam o maître pelo vinho de rótulo mais raro. Sinto calafrios quando meus pais colocam os óculos para analisar o menu.

Se antes observavam os valores mais do que a descrição das iguarias, inverteram a ordem: decidiram desprezar as dezenas de zeros à direita e valorizar a alta gastronomia à esquerda.

Parece que testam o meu limite de crédito. Sem nenhuma compaixão com os custos. Sem nenhuma piedade com os prejuízos.

Que eu me vire com o cheque especial. Preciso bancar o convite, assumir o meu lugar na cabeceira.

São crianças grandes na maior traquinagem culinária. Talvez estejam me dando uma lição, a última lição de desapego, contra o materialismo e em prol dos momentos em família. Ou realmente relaxaram de vez como comensais gratuitos, meros espectadores do meu crescimento profissional.

Ainda por cima, para encerrar o banquete, querem embrulhar as sobras para casa, jamais cogitando o meu possível interesse.

A encenação é engraçada. Fingem que fazem um favor não desperdiçando a comida, não jogando fora nada, como se o excedente não tivesse sido premeditado para obter justamente aquela marmita. Eles não me enganam. Ao almoçar comigo, buscam a sobrevida alimentar de um jantar ou café da manhã.

Brincadeiras à parte, feliz do filho que pode cobrir as despesas dos seus pais e ser anfitrião do amor. É um superpoder da gratidão: ter a oportunidade de devolver num gesto a proteção recebida durante a sua formação, trocar de papel por um instante e cuidar da felicidade deles.

Sem dúvida, eles vão abusar na refeição, mas não confunda com egoísmo. Estarão profundamente emocionados e orgulhosos. Repare no brilho úmido dos olhos do seu pai e da sua mãe diante da sua cortesia.

Além do carinho, desfrutam da indescritível certeza de que você foi bem encaminhado na vida.

Conheci a casa da infância de Carlos Drummond de Andrade, onde dormia, suas janelas, os ângulos de suas miradas para o Pico do Cauê, que terminou desmanchado, infelizmente, pela extração do minério de ferro.

A cada entrada num novo aposento, a cada retrato doído de sua formação na parede, eu recitava baixinho seus versos como uma oração, tentando entender o que ele sentira com base em indícios que podia enxergar no lugar:

"(...) nasci em Itabira. Por isso sou triste, orgulhoso: de ferro. Noventa por cento de ferro nas calçadas. Oitenta por cento de ferro nas almas. E esse alheamento do que na vida é porosidade e comunicação. A vontade de amar, que me paralisa o trabalho, vem de Itabira, de suas noites brancas, sem mulheres e sem horizontes."

Entre os corredores do casarão, interrompendo meu cantochão, encontrei seu neto, o artista Pedro Augusto Graña Drummond, que é, assim como eu, filho de dois escritores, o argentino Manuel Graña Etcheverry e Maria Julieta Drummond de Andrade. Lançou-me um olhar oceânico, que se afundava em ondas pelo uso da boina.

O término do transe mostrou-se providencial. Talvez assistindo ao quanto eu caminhava melancólico pelas salas, pois os mensageiros sempre sabem a quem entregar as missivas do destino, Pedro Augusto me descreveu uma conversa emblemática com seu avô.

Quando havia perdido um amigo na juventude, aos vinte e um anos, e chorava copiosamente, Drummond o consolou dizendo que, a partir daquele momento, ele descobriria o que é o amor verdadeiro.

O neto, então, se defendeu:

— Mas eu já amava o meu amigo.

O poeta de Itabira concordou:

— Já o amava, porém agora vai amar ainda mais. Só a morte possibilita o amor puro, desinteressado, que continua existindo e crescendo sem receber nada em troca.

O luto é a maior resistência da afeição. Porque você não tem direito a receber mais nada do outro — nenhum abraço, nenhuma visita, nenhum colo, nenhum favor, nenhum apoio, nenhuma recompensa, simplesmente nada —, e segue amando-o infinitamente. É uma sobrevivência emocional feita exclusivamente do ato de dar, do gesto incondicional da oferta, descompromissada de segundas intenções, desvinculada de benefícios diretos, desligada de interesses egoístas.

A saudade anda para a frente, não para trás como cremos. A gratidão do passado empurra a saudade para o futuro, para acrescentar sensações e impressões à amizade antiga.

Quando o contato é sincero, quando a intimidade é honesta, não se deixa de gostar de alguém após a despedida. A emoção da primeira vez não cessa de renascer.

A perda, portanto, não traz um vazio. Traz tudo, menos um vazio. Você transborda de lembranças. Passa a apresentar uma hipersensibilidade, percebendo os mínimos tremores e arrepios do universo. Não é capaz de escolher o que sentir de tanto que sente, de tanto que está presente por dois.

O luto é isso: uma solidão a dois.

Eu não tenho como saber o que virá das perguntas do público em minhas palestras. Devo estar preparado para enfrentar as mais controvertidas questões existenciais.

Vejo que não condiz com a realidade a crença de que as pessoas temem revelar os seus tormentos pessoais em público.

No ano passado, em palestra no interior de Minas Gerais a respeito do meu livro *Manual do Luto*, que aborda a despedida e a saudade, uma senhora de cerca de sessenta anos pediu a palavra.

Ela encontrava dificuldades para terminar o raciocínio, entrecortado por soluços de um verdadeiro desabafo. Havia uma sinceridade represada que transpunha os diques de proteção e assumia a força inabalável de uma explosão das águas do choro.

— Eu vivo uma rejeição profunda. Ao nascer, fui abandonada pelos pais numa caixinha de sapatos. Envolvida numa manta, como se fosse um cachorrinho. Eles me largaram de volta no hospital em que eu nasci. Nunca me recuperei de ter sido negada, posta de lado, à sombra, por quem me deu à luz.

Talvez esperasse de mim uma reação de desamparo, de espanto, de comiseração. Mas eu não senti pena, emergiu uma clareza determinada da minha intuição.

Aproximei-me dela no meio da plateia e falei, com as minhas mãos encostadas em seus ombros:

— Está enganada. Você foi salva da rejeição em vida, que é muito pior do que a rejeição do nascimento. Seus pais a amaram o suficiente para que não quisessem que você fosse infeliz com eles e como eles. Tanto que tiveram o zelo de deixá-la no hospital, onde poderia ser cuidada. Careciam de recursos emocionais mais do que de recursos financeiros para sustentá-la. Desfrutavam da difícil e rara consciência de que não serviam para você, de que você merecia uma chance melhor. Não havia amor e acolhimento naquele lar, nada que pudesse suprir o que você buscava. Escapou de um ambiente tóxico e opressivo, de ouvir brigas e discussões a todo instante, de ser recriminada e censurada, de perder qualquer liberdade sobre seu futuro. Não se veria indesejada uma vez, mas se veria indesejada diariamente.

Ela suspendeu as lágrimas. Entendeu que não precisava de outra vida — escoltada no momento pela ternura cúmplice do marido, dos filhos e da sua família adotiva —, precisava apenas mudar o seu ponto de vista.

Assim o seu sofrimento acenou para nós e virou as costas. Ocupando o seu lugar, surgiu um sorriso lindo, que se esboçou primeiramente no brilho dos olhos, para depois se espalhar pela boca.

Ela me abraçou e sussurrou:

— Eu nasci de novo hoje.

Eu também ri, e concordei:

— Agora você vai nascer sempre, já que você se escolheu para sempre.

Você somente descobre que sua carteira de motorista venceu porque alguém notou, nunca por sua memória e iniciativa. É sempre informado por um terceiro quando a data já expirou, e tem que contornar o prejuízo.

Foi o que aconteceu comigo. Apresentei o meu documento com foto numa loja de roupa e o vendedor apontou para a validade que havia caducado.

Depois de pagar o boleto errado do DETRAN, ir atrás do estorno, quitar o certo — o simples para mim costuma ser complicado —, apareci para o exame médico numa clínica conveniada.

O médico se mostrou loquaz, apesar de seus óculos de aros finos e da barba grisalha indicando sisudez. Disse que me conhecia de algum lugar. Provavelmente era da televisão, mas ele imaginou que fosse de uma consulta anterior. Não desmenti.

Perguntou qual a minha ocupação. Respondi que era escritor. Em seguida, questionou qual tipo de livro eu escrevia. Expus que era de comportamento e que o mais recente trazia reflexões sobre a perda.

Ele parou de revisar a minha ficha com dados pessoais e concluiu:

— As pessoas sofrem mais do que deveriam. Precisam virar a página. Morreu, morreu. É para chorar por alguns dias e erguer o rosto sem arrependimento.

Eu não concordo com ele. No meu entendimento, o luto é para a vida inteira. Você ajeita a dor, não há como mandá-la embora. Aliás, considero um completo desrespeito apressar o enlutado a se recompor imediatamente, coagi-lo a seguir em frente enquanto seu coração ainda anda para trás.

Mas não estava em posição de contrariar o médico. Dependia dele para a renovação da CNH.

Eu me censurei em pensamento: "não compre briga, não discuta, apenas escute e siga para casa!"

Respirei fundo, e ele emendou:

— Quando meu pai morreu, eu tinha vinte e um anos.

Lamentei:

— Meus pêsames.

Ele não deixaria o assunto parado no ar. Prosseguiu:

— Tranquilo, não tenho nenhum problema com a morte. Ao voltar do velório e do enterro, tranquei-me no quarto para escutar música. Minha mãe me censurou porque não me encontrava triste, não chorava, e expliquei para ela que eu estava fazendo algo de que gostava. Entendi que tinha chegado ao fim o tempo do meu pai, e procurei me cercar de alegrias. O luto é um momento, não pode ser estendido para sempre. Vira chatice.

Eu não me aguentei, juro. Pedi desculpa mentalmente para Beatriz, minha esposa, que me aconselha a ficar calado nessas horas tensas. Assumi a bronca emocional e indaguei ao médico:

— De que seu pai morreu?

Ele recordou:

— De acidente de carro.

Então acabei falando:

— Você não acha estranho que tenha vindo trabalhar justamente em admissão de motoristas? Seu luto não terminou, realiza sua função pela saudade de seu pai. Para salvá-lo todo dia a partir de outros condutores. Nem sempre as lágrimas escorrem, existem as lágrimas secas. Escolheu um jeito diferente e silencioso de prantear a sua dor.

Ele me encarou profundamente. Permanecemos em silêncio constrangedor. Já não sabia se eu renovava a minha CNH ou se ele renovava o seu luto.

Eu temo o luto não vivido. O luto adiado. O luto que você não tem tempo nem espaço para sofrer inteiramente. Você é constrangido a não chorar, a não se emocionar, a reprimir suas manifestações mais sinceras de saudade.

O luto é um rito tão relevante, tão sagrado, tão necessário que a peça mais encenada no mundo é Antígona, de Sófocles, escrita há 2,5 mil anos.

No conhecido enredo, Antígona se insurge contra o rei, seu tio Creonte, para enterrar seu irmão Polinice. A decisão do trono é que ele não seria sepultado, ficando o corpo exposto a céu aberto, propenso ao ataque das aves de rapina e das hienas.

Antígona não aceita o desrespeito com a passagem, e quer cumprir o processo do enterro, não importando os motivos políticos e ideológicos que cobriram o falecido de um completo banimento (matou seu outro irmão Etéocles e tombou no mesmo duelo).

A desobediência de Antígona tem como propósito maior honrar os mortos. Nenhum decreto, nenhuma lei pode impedi-la.

Seu desespero não acontece por uma questão de sobrevivência, para salvar uma vida, mas para garantir postumamente a paz de uma alma.

O arquétipo da irmã procurando justiça contra tudo e contra todos ilustra como a sociedade proíbe o pesar do enlutado, obrigando-o a virar as costas a quem amou e retomar a normalidade de seu dia a dia.

Veio-me à mente a popularidade da tragédia do dramaturgo grego quando me encontrei com uma leitora em Muriaé, no interior de Minas.

Ela havia perdido seu filho de treze anos. Esperou o fim da palestra e da fila de autógrafos, aguardou que as pessoas tirassem selfie comigo e saíssem do meu entorno, para conversar em particular.

Confiava em mim por algum motivo de Deus. Eu me transformava em um estranho íntimo de seu silêncio.

Contou que tinha a sensação de que somente ela se lembrava de sua criança. Evocava aquela existência de modo isolado, como uma Antígona dos tempos modernos. Os anos passavam, e unicamente ela seguia a recordar o seu filho diariamente, a enterrar o seu filho diariamente.

Eu perguntei:

— Seu filho foi feliz?

Ela me confidenciou:

— Muito. Sempre estampava um sorriso no rosto. Era um menino festejado pelos seus colegas da escola, brincalhão e carinhoso com a família.

Eu respondi:

— Isso é o que importa. Há gente com oitenta anos que jamais foi feliz na vida. Ele conseguiu o mais difícil. Não dá para dizer que sua estada tenha sido curta, mas intensa e inesquecível. Conquistou a felicidade precocemente ao seu lado.

Ela entendeu o recado e se alegrou como se fosse uma menina, irmã do seu filho.

Jamais abracei a minha sogra. Jamais beijei a minha sogra. Jamais apertei a sua mão ou pude vê-la frente a frente.

Dizem que Clara era a alegria em pessoa. Fazia amizades no clube, na igreja e até na parada de ônibus. Todos a conheciam pela erudição e simpatia. Foi professora e catequista.

Faleceu de fulminante leucemia duas semanas depois do meu início de namoro com Beatriz.

Eu somente tive a alegria de falar com ela por telefone. Foi meio de susto, no saguão de um teatro em São Paulo. Beatriz falava com sua mãe ao celular enquanto eu esperava que terminasse a ligação para procurar nossos assentos, e ela, do nada, me passou o aparelho:

— Minha mãe quer falar com você!

Eu estranhei, já que o gesto era meio precoce para um relacionamento que recém havia começado. Parecia uma oficialização do namoro antes da hora, antes do pedido formal entre nós.

Clara contou que lia meus textos e que meu livro pousava como predileto na sua cabeceira. Talvez viesse estudando o temperamento do futuro genro.

A ligação foi profética, nem um pouco comum e banal. Até hoje, lembro-me exatamente do que ouvi. Ela me encorajou, ela me incentivou, ela me amparou. Não se restringiu a uma troca amistosa de palavras entre dois desconhecidos. Existia uma mensagem poderosa sendo ditada para mim:

— Você é um sonhador, Fabrício. Você enxerga longe. Leve Beatriz para seus sonhos.

Pego de surpresa com tamanha intimidade, eu apenas consenti, apenas aceitei a missão: "pode deixar!"

Aquilo me mexeu por dentro. Como alguém que não me conhecia me conhecia tão bem?

Nunca iria imaginar que seria o nosso primeiro e último diálogo. Mas, possivelmente, eu senti algo de diferente no ar. Um aviso do destino.

Fiquei transtornado naquela noite. Beatriz questionou meu olhar perdido. Era um olhar voando para longe.

Na manhã seguinte, eu acordei e logo a chamei para conversar:

— Não sei explicar, mas a sua mãe precisa de você. Volte para Belo Horizonte hoje.

Beatriz não entendeu a urgência. Ela permaneceria em São Paulo por mais uma semana, de férias. Imaginou que Clara tinha dito algo para mim em particular.

— De onde vem isso?

Esclareci que se tratava de um pressentimento, não existia nenhuma confidência.

O mais incrível é que Beatriz acatou o meu conselho. Confiou em mim. Trocou as passagens e chegou à capital mineira na mesma noite.

Ao desembarcar, descobriu que a mãe não se encontrava em casa. Havia sido internada no hospital por tontura e fraqueza naquele dia.

Ela teve a chance de se despedir de sua mãe, de ficar ao lado dela nos seus últimos momentos. Conseguiu cuidar dela, viver mais um pouco o seu brilho para se abastecer de saudade e não sofrer da culpa da distância.

Eu compareci ao enterro, já como namorado de Beatriz. Coloquei a minha mão no caixão e reafirmei a promessa para Clara:

— Pode deixar comigo. Vá em paz, minha sogra sonhadora!

Não percebemos o quanto acontece, no universo invisível, a troca de bastão. Alguém já deve ter alcançado o bastão de um cuidado, de uma existência, de uma responsabilidade para você.

Ninguém parte sem passar o bastão.

Na adolescência ou na juventude, você se apaixona por uma pessoa. É uma paixão personalizada: quer alguém para fazer parte de sua rotina, para estar com você, próximo de você. Há ciúme, possessividade, insegurança, medo de ser abandonado.

Na velhice, e só na velhice, você se apaixona por um estilo de vida. O patamar é outro: você anseia por existências surpreendentes.

É o que acontece frequentemente com as mulheres maduras. Os homens mais velhos ainda não lidam bem com a solidão e acabam se tornando mais dependentes e mais carrapatos. Têm horror ao vazio. Experimentam romances meteóricos e ficam mendigando uma reconciliação às ex-esposas quando são deixados por parceiras com metade das suas idades. Buscam tardiamente corrimões nas alianças antigas para se reerguer.

Por sua vez, as mulheres maduras alcançam um extremo de sabedoria. Escolarizadas pelo espírito aventureiro, elas se desapegam da noção material e avarenta da presença.

Não é por acaso que apresentam uma longevidade maior do que a dos homens. Não se prendem à simbiose nem se subjugam a uma convivência.

Já estão num ponto das trajetórias em que não é qualquer fato que despertará a sua atenção. Viveram muito e já não se assustam com dores ou tragédias.

Sequer temem a solteirice. Idolatram a independência. Namoram, mas não casam. Não abrem mão da casa separada, de cada um com a sua família, dos horários a sós.

Apaixonam-se por obras de escritores, de músicos, de cineastas, por pensamentos, por teorias, por visões de mundo, como se fossem amores carnais. São capazes de sentir os mesmos arrepios e suspiros.

Matriculam-se em cursos e oficinas, escrevem livros, mudam de carreira.

Os prazeres não se restringem a estar acompanhadas. Antes povoam a alma com a sua própria companhia, vivenciando novas culturas e hábitos para aperfeiçoar a personalidade.

Exploram a ciência da sensibilidade. Pretendem viajar, sair, conversar, beber, investem seu tempo ouvindo biografias interessantes e exóticas. Quanto mais fora da caixa, melhor o interlocutor.

Depois de fazer tudo pelos maridos, filhos e netos, cansaram-se das sombras, das desculpas, do futuro postergado.

Preferem as amizades aos relacionamentos amorosos, a lealdade à fidelidade.

São compreensivas com os erros humanos, com os percalços e, principalmente, com as suas dúvidas. A curiosidade é o motor das suas esperanças.

Não são reféns da jovialidade, da ditadura da aparência.

Encontraram algo superior no caminho: a vitalidade do autoconhecimento.

Descobriram que o coração não tem rugas. Que podem amar ideias, não somente pessoas.

Todo apaixonado faz extravagâncias. Gasta o que não tem com presentes e mimos. Gasta o que não tem com jantares e viagens. Gasta o que não tem para impressionar o seu par. A simplicidade e a divisão das contas só surgirão depois, com a chegada do amor.

Na paixão, somos perdulários. As cobranças dependem, no entanto, da faixa etária. Se um jovem se endivida por gostar de alguém, ninguém comenta nada, ninguém acha estranho, mas, se é uma pessoa mais velha, já pensamos que está sofrendo um golpe, que a sua companhia é oportunista e mira a sua herança.

Não é permitido se apaixonar na maturidade? É ilegal? Há idade no coração?

Os idosos não podem ser irreverentes. Caso contrário, já questionamos a sua sanidade, já enxergamos doença no fio de cabelo grisalho, já escrutinamos as suas decisões.

Se o velho não é monótono, tedioso, rotineiro, ele não anda normal. Como se a velhice fosse um apagar das luzes, cansaço, desistência de viver.

Qualquer desvio do padrão de comportamento esperado é catalogado como demência. Qualquer explosão de intensidade é entendida pelos mais próximos como um surto.

Se o filho extravia a carteira ou o celular, é distraído. Se o mesmo acontece com os nossos avós, estão ficando esclerosados.

Se o filho compra dez camisetas pretas, é prático, não pretende sacrificar o tempo escolhendo sua roupa para sair. Se o mesmo acontece com quem tem setenta anos, seu exagero não será perdoado.

Se o avô resolve percorrer o mundo em cima de uma moto, é que enlouqueceu. Não existirá objeção a um jovem com esse propósito, aliás, elogiaremos a sua postura aventureira e a sua coragem.

Se a avó troca o bingo e o carteado com os amigos pela balada, é que vem caducando, perdeu o senso de ridículo e não sabe mais se controlar. Os netos se constrangem com a possibilidade de topar com ela em seu ambiente de festa. A família é capaz de se reunir em segredo para tomar providências. Não duvide que ela seja interditada.

Felicidade e liberdade na terceira idade são sintomas, não atitudes naturais e aceitáveis.

Condicionamos os idosos a uma expectativa de mantas de crochê, palavras cruzadas e pantufas. Temos um estereótipo que nos paralisa. Agimos com preconceito, não admitindo as saudáveis metamorfoses.

Esquecemos que iremos nos transformar até o último dia de nossas vidas. Haverá evolução até a última hora de nossas vidas. Até o último minuto, ainda mudaremos de opinião.

Se você não tem uma hora, não costuma visitar um amigo. Se você não tem uma hora, não costuma visitar um familiar. As visitas são cada vez mais raras porque julgamos nunca ter tempo.

Exigimos uma disponibilidade incomum para as nossas semanas conturbadas e apertadas. Justificamos o nosso sumiço, a nossa ausência diante de conhecidos e parentes pelo excesso de trabalho, pela vida corrida.

"Vamos marcar algo!" é uma promessa, em esbarrões pela rua, que não se concretiza. O apelo dentro do "tchau" vira uma mentira educada.

Quantos encontros você tem com seu círculo de afetos por mês? Um, dois? Não deveriam ser mais constantes?

Facilmente passamos um mês sem abraçar o pai ou a mãe que moram na mesma cidade, pela ideia de que 15 minutos, 20 minutos jamais serão suficientes para dar conta do recado.

Idealizamos as ocasiões, juramos que elas necessitam se estender, render um almoço ou jantar. Dependemos de pretextos e contextos que encareçam as circunstâncias.

Nossas expectativas giram em torno de uma suntuosa folga para tirar o atraso das conversas.

Esperamos que sábados e domingos cumpram o propósito de satisfazer todas as pendências sentimentais.

Não há redenção. Não há solução. Seguimos perdidos no sonho de conceder o nosso melhor, e assim não oferecemos sequer o nosso mínimo.

Somos fantasmas da intimidade, assombrações da amizade.

Consideramos 15 ou 20 minutos um troco, um nada, uma ninharia de atenção. Até enxergamos uma passada rápida como uma desfeita. Até caracterizamos depreciativamente, em nosso imaginário popular, a aparição relâmpago como própria de "cachorro magro".

Esquecemos que o tempo não se mede pela quantidade, e sim pela qualidade da presença. Esquecemos que a intensidade resolve muito mais do que a morosidade dispersiva.

A você que acredita que não desfruta de rotina para consumar suas visitas, eu devolvo com uma indagação: qual a duração do recreio da escola?

Não são exatamente 15 minutos, 20 minutos?

Agora pense no que você fazia no recreio.

Tudo, né?

Você lanchava, batia papo com os colegas, ia ao banheiro, jogava bola, realizava um dever pendente, estudava para a prova do período seguinte.

Quantos recreios você anda colocando fora? Quantos recreios vem desperdiçando? Quantos recreios estão inativos em sua existência adulta?

Você não precisa de mais do que 15 ou 20 minutos para tornar alguém feliz. Para aparecer de repente na casa de suas pessoas prediletas. Para aumentar a frequência de seus carinhos. Para dar um bom abraço e perguntar como foi o dia. Para tomar um café e roubar uma fatia de cuca. Para matear e saber das últimas novidades.

No lugar de procrastinar pelas redes sociais, rolar o dedo pela tela desprovido de destino e sentido, somente para se sentir ocupado, você pode usar seus pequenos intervalos para grandes demonstrações de amor.

Que as batidas do coração reproduzam a sirene da escola.

O que faz uma gargalhada acontecer em sua vida?

Gargalhada de verdade. Não estou falando do sorriso, mas daquela felicidade incontrolável, de contrair o abdômen, de doer a barriga.

Quando foi a última vez que você riu de gargalhar? Com quem?

Fique perto dessa pessoa. Essa pessoa sabe tirar a gargalhada de você, mostra-se habilitada a ler a sua partitura, a entender a sua letra, a respeitar as suas claves, a decifrar os seus acordes.

Fique perto de quem entoa a música mais afinada de você. De quem cuida de você como um instrumento valioso, frágil, que não pode ser levado sem estojo.

Selecione seus instrumentistas. Amar é isso. Amizade é isso. É não se relacionar com qualquer um.

Procure quem lhe oferece confiança para chorar bonito, deixando-o livre para se comover quando bater a vontade. Será a pessoa das suas lágrimas.

Procure quem lhe provoca um riso bonito, um riso gracioso, destacando seus traços de simpatia e carisma. Será a pessoa do seu riso.

Procure quem não suspeita do seu silêncio, não acha que vem escondendo algo. Será a pessoa do seu silêncio.

Procure quem alimenta as suas expectativas e incentiva os seus projetos. Será a pessoa da sua esperança.

Procure quem esfria a sua cabeça, recoloca os seus pés no chão, suaviza o seu batimento e controla o seu ímpeto, evitando que cometa vinganças e represálias. Será a pessoa de sua paz de espírito.

Procure quem conforta os seus erros e interpreta os seus descaminhos. Será a pessoa de seus segredos.

Procure quem é capaz de meditar, refletir longamente ao seu lado, inventando teses, aprofundando o raciocínio com exemplos, divagando a respeito de um filme, de um livro, de um acontecimento. Será a pessoa do seu pensamento.

Reconheça aqueles que exercem esses papéis em sua existência. Forme a sua orquestra.

Escolha os cúmplices que despertam o seu melhor.

Nem sempre somos virtuosos para acessar o que temos em nós.

Dependemos do contraponto. Não dá para viver somente na companhia do violino se você é violino. Precisa do trompete. Precisa do violoncelo. Precisa do saxofone. Precisa da flauta. Porque senão vai repetir apenas o seu som e não vai chegar a música alguma. As diferenças fazem a música. As diferenças reforçam o seu valor. Se todo mundo fosse igual a você, você já não teria valor nenhum.

Somos únicos porque somos diversos.

Agradeça a quem pensa de modo distinto ao seu, a quem se emociona de modo distinto ao seu. Você estará aprendendo a respeito do outro e, indiretamente, de si mesmo, ampliando suas experiências.

Agradeça a quem não é você e permite que você seja você, pois salva a sua singularidade, seu lugar insubstituível na sensibilidade.

Dez mandamentos do filho na velhice dos pais

1. Não permita que os seus pais se sintam desimportantes, que esmolem a sua atenção. Não demore a retornar a ligação. Se você não é presente, pode ser o último a saber do que acontece com a saúde deles. Se não fala com eles, como pedirão ajuda? Ninguém conta seus problemas em rápido contato. Socorro depende de tempo e intimidade para o outro se abrir. As urgências vêm depois da troca de amenidades.

2. Não marque e desmarque encontros, não dê desculpas do excesso de trabalho. Não torture a esperança dos pais. Entenda que o estarão esperando desde manhãzinha. Todo encontro tem expectativas, véspera. Não prometa uma visita para mudar de ideia em cima da hora. Cumpra aquilo que foi agendado. Prioridade jamais é adiada.

3. Não compre brigas tolas e fúteis com os irmãos — o que os pais mais querem é que os filhos se deem bem. A harmonia familiar é o seguro de vida deles. Não há maior tristeza do que não conseguir reunir todos ao redor da mesa nos aniversários, nos Natais, nas demais datas festivas. Sentirão que falharam na educação dos filhos.

4. Não minta sob o pretexto de poupá-los do sofrimento. Não subestime a experiência dos dois em detectar a falta de sinceridade. Eles conhecem o sofrimento desde muito antes de você nascer. São capazes de interpretar as adversidades e propor soluções.

5. Confie na competência e autonomia dos pais em realizar as próprias tarefas. Não confunda lentidão com incapacidade, ou esquecimento com invalidez, ou alegria com loucura. Você também tem suas limitações, seus exageros, e não se julga doente.

6. Mostre algo que aprendeu com eles. Não importa o quê: uma música ou a sua forma de amarrar os cadarços. Não existe melhor saudade do que aquela banhada de gratidão, do que aquela que é pontual, frente a frente, do que aquela que é praticada na presença, olho no olho.

7. Não se irrite ao ouvir as mesmas histórias, nunca são iguais. Há pequenas variações e novos detalhes nas lembranças. A pessoa vai amadurecendo o seu ponto de vista, aperfeiçoando o seu entendimento do passado.

8. Ouça os conselhos. Não precisa segui-los, mas os ouça, por mais divergentes que sejam da sua opinião. Não corte a conversa porque já imagina onde vai parar ou o que será dito. Telepatia, no fundo, é preconceito.

9. Não recuse a bênção. A bênção é a imunidade do amor. Tome-a como uma maneira de dizerem "eu te amo" enquanto rezam por sua proteção.

10. Ao ir embora, sempre olhe para trás e acene para eles. Ficarão felizes na porta ou na janela da despedida. Vão perceber que você retribui o cuidado.

Sobre o autor

Carpinejar nasceu em 1972, na cidade de Caxias do Sul (RS). Publicou cinquenta e um livros entre poesia, crônicas, infantojuvenis e reportagem. É detentor de mais de vinte prêmios literários. Dentre eles, o Jabuti, por duas vezes, o da Associação Paulista dos Críticos de Arte e o Olavo Bilac, da Academia Brasileira de Letras. É colunista diário do jornal *Zero Hora*, semanal do jornal *O Tempo* e comentarista da Rádio Gaúcha.

Site: fabriciocarpinejar.com.br
Instagram: @carpinejar
Facebook: /carpinejar
Twitter:@carpinejar
Threads: @carpinejar
YouTube: Vem Carpinejar
E-mail: carpinejar@terra.com.br
Tiktok: @fabriciocarpinejar

Este livro foi composto na tipografia Palatino,
em corpo 11/15, e impresso em
papel off-white no Sistema Cameron da
Divisão Gráfica da Distribuidora Record.